JN438315

매화나무와의 만남

권동웅 작품집

존사람의 시와 수필, 소설

얼었던 땅의 지축을 흔들며 뾰조록이 고개를 내미는 생명의 탄생, 그 신비함을 봅니다.

봄에는 잎보다 꽃이 먼저 피어납니다.

아마 그것은 겨우내 움츠리며 추위를 힘겹게 견뎌온 지친 인간에게 활짝 핀 꽃을 보여주며 기운을 차리게 하려는 보살핌일 것이며,

서서히 가지에 푸른 이파리들을 돋게 하여 그늘을 만들어 여름의 그 뜨거운 햇빛을 가려 주려는 또 한 번의 은총일 것입니다.

인생 하나

어느 날 아침
눈떠
일어나 보니
세월은 박수 속에
목표를 명중한
손을 떠나 날아간 화살같이 흘러가 버렸다.
인생은 환호 속에
흔적(痕迹)이 분명한 과녁 같은 것이다.

인생 둘

어느 날 아침
눈떠
일어나 보니
세월을 가두어둔 연못에
큰 구멍 뚫어
송두리째 물 빠져나가듯 흘러가 버렸다.
인생은 고기 한 마리 남지 않은
빈 연못 같은 것이다.

강

희끄무레 달빛 아래
금호강(琴湖江) 강변
초저녁에서 만월(滿月)의 달 질 때까지
내려앉은 달빛은
흐르는 강물 위에
빤짝빤짝 보석을 만들고
둔치에
자갈돌들을 하얀 천으로 아스라이 보이는 곳까지 덮는다.
둑에
가지런히 어깨 기댄 한 폭 그림 같은
남녀 둘 위를
나들이 나온
저 푸른 하늘 아래 조각구름들만이
무시로
들락날락 내려다보며
달빛 머금은 환한 얼굴을 하고
아는 체한다.

금호강 풍경

『매화나무와의 만남』은 첫 작품집입니다.

제목을 이렇게 지은 까닭은 글을 쓴 동기가 어느 봄날 잘린 매화나무 가지와의 만남으로 이루어졌기 때문입니다.

살아오는 동안 얼굴은 여기저기 가리지 않고 다녔습니다만 마음을, 생각을 보이기는 처음이라 두렵습니다.

시와 수필, 그리고 길지 않은 소설을 묶어 한 권으로 엮었습니다.

민낯을 보입니다. 시를 풀어 수필을 만들기도 하고 수필을 압축하기도 했습니다.

이 세상 잘잘못에 대한, 인권과 자유에 대한 완벽한 보상은 죽어 천당과 지옥이 증명한다 해야 할 것입니다. 다른 그 무엇도 의미가 없습니다.

살기 좋은 대한민국을 만드는 데 보탬이 되었으면 좋겠습니다.

● 작가의 말

존사람의 시와 수필의 만남

좋은 인연은 선업(善業)을 쌓게 해 좋은 일로 이어지는 반면 나쁜 만남은 악업(惡業)으로 점철(點綴)되어 악의 구렁텅이로 빠지게도 합니다.

'끼리끼리' 란 말은 이를 두고 하는 말입니다. 어떤 사람을 만나느냐에 따라 인생길도 사뭇 달라질 수 있습니다.

좋고 훌륭한 사람을 만남은 행운입니다.

2015년 10월

존사람 권동용

매화 나무와의 만남

시대의 아픔

뒤늦게 자신에게 주어진 달란트는 무엇일까 곰곰이 생각해 보았습니다. 생계를 위해서 직장에 다니는 것만이 유일한 길인가? 훨훨 날 수 있는 또 다른 방법은 없는 것인가?

스스로 결정하기 어려웠던 고민은 본인 의사와 상관없이 결정이 났습니다. 일말의 귀띔이나 언질도 없는 일이었으나 이왕에 결정된 일, 마음으로 받아들이면서 무엇을 할 것인가 어떻게 할 것인가 고민했습니다.

먼 기억 저편 젊은 날 방황의 시기, 몰입(沒入)의 시간들을 끄집어내었습니다.

박종화의 『자고 가는 저 구름아』를 읽으면서 통일이 되면 가장 먼저 찾아가고 싶은 곳을 삼수갑산(三水甲山)으로 정했습니다. 영원한 유배지, 사람이 살 수 없는 곳으로 묘사된 곳— 지금은 가려 해도 갈 수 없는 남쪽 사람에게는 금단의 땅이 되고 말았습니다. 지금도 그 마음은 변함이 없습니다.

이광수의 『유정』, 『무정』, 『흙』과 심훈의 『상록수』를 읽으면서 밤을 새고 칼 힐티의 『잠 못 이루는 밤을 위하여』를 읽으면서 호롱불을 밝혔던 기억을 되새겼습니다. 한 자 두 자 적었습니다. 자신의 글에 어떤 원칙(原則)과 철학(哲學)이 있다고 스스로 다짐하면서 말입니다.

시대에는 그 시대의 아픔이 있습니다. 이 시대의 아픔은 무엇인가 곰곰이 생각했습니다.

몸 담고 있던 곳보다 더 좋은 곳이 생기면 자기 발전 또는 개발이란 이유로 고민 없이 옮깁니다. 사원을 부릴 때에는 가족이라 말합니다. 이 세상에 가족만큼 가깝고 들으면 가슴이 짠한 단어는 어디에도 없습니다. 가족이란 어떤 어려움이 있더라도 돕고 도우며 함께 가는 구성원을 얘기합니다. 말은 그럴듯한데 사람을 부릴 때에는 좋은 이름을 쓰면서 조금만 어려워도 구조조정 한다며 헌신짝같이 버립니다. 더 많은 사람들이 살기 위하여 소수(小數)의 희생은 불가피하다고 변명합니다. 적어도 가진 사람들의 아량(雅量)과 배려(配慮)가 더 필요한 시기 아닐까 생각합니다.

장사를 한다고 닫힌 공간에서 오늘은 좀 나을까 노심초사(勞心焦思)하다 병을 얻은 아내에게 미안하고, 항시 동생 걱정에 마음 아파하는 홀로 사시는 청상과부(青孀寡婦) 내 누님 심려(心慮)에 죄송할 뿐입니다.

두 분께 바칩니다.

일등국의 조건

2차 대전을 일으켜 수없이 많은 사람이 죽고 다쳤습니다. 많은 나라들에 경제적 손실을 가져온 전쟁의 주범인 독일과 일본이 패전의 아픔을 딛고 일어나 전승국인 영국, 프랑스 이상으로 발전하여 경제 대국이 되었습니다.

경제 대국. 세계 일등국가가 된 근본은 어디에 있을까요? 그것은 국민 한 사람 한 사람의 정직성에 있습니다.

독일 국민을 보셔요. 얼마나 정직한 국민입니까? '독일 병정' 이란 유머는 그만큼 아주 강직하고 올곧은 성품의 소유자들의 모델로 회자(膾炙)되는 그들을 칭찬하는 말 아닐까요?

이웃 일본은 어떻습니까? 얄미울 정도로 거리가 깨끗하고 도로 옆에 있어도 잠이 올 정도로 자동차 경적 소리도 없지요. 지진으로 해일이 밀려와 온 천지가 뒤집혀도 일용품을 사기 위하여 긴 줄이 되어 기다리는 미라 같은 국민 무섭지 않습니까?

공동선을 위해서는 개인의 이익을 뒤로 미루고 참을 줄 알고 기다릴 줄 아는 국민, 서로 돕고 밀어주는 모범 국민, 정직하며 철저한 국민, 이들 국민이 현재의 독일과 일본을 있게 한 것입니다.

일본은 독도가 자기 땅이라 합니다. 먼 옛날부터 우리(대한민국)의 땅이라는 것을 저들 일본은 잘 알고 있습니다. 그러면서도 억지를 부리는 일본 그들입니다.

앞으로 핵무기도 가질 것이며 침략의 야욕도 버리지 않는 국민임을 또한 알아야 합니다. 지금은 국력이 미국보다 약하기 때문에 미국의 핵우산 아래에 찰싹 따라붙어 온갖 비위를 맞춰가며 힘을 기르고 있음을 알아야 합니다. 자기들끼리 관계는 한 치 오차도 없이 서로 도우며 철저히 밀어줍니다만 남(다른 나라)에 대해서는 발톱을 세우는 국민입니다.

수니파 원리주의 무장단체 '이슬람 국가(IS)'에서 살해된 일본인 인질 고토 겐지(後藤健二) 씨의 죽음을 보는 일본인들, 일본 언론들의 태도는 어떠하였습니까? 고토 겐지 씨 형인 고토 준이치(後藤純一) 씨는 "매우 안타깝다."라면서도 동생의 석방을 위해 노력한 일본 정부에 대해서 죽었는데도 감사하다는 입장을 밝혔습니다. 그의 어머니는 나라에 대해 한마디 원망도 없이 국민과 나라에 사과하는 모습을 보입니다.

우리들의 부모라면 어땠겠습니까? 우리들 언론이라면 어떠할 것 같습니까? 조용한 일본 그들과 같은 모습을 보였을까요? 아니지요, 국가에 대해 정부에 대해 대명천지에 있는 것 없는 것 온갖 것을 다 까발리며 잘못했다 하면서 배상이니 보상을 요구하며 아마 몇 달을 떠들 것이 뻔합니다. 그러니 일본과 비교하면 할수록 우리들의 모습은 참담해지는 것입니다. 다시 한 번 우리들 현실을 냉정히 생각합시다.

우리에게 힘이 없으면 언제라도 쳐들어 올 일본임을 또한 알아야 합니다. 먼 후일 우리들 후손들이 일본 후손들과 독도를 두고 전쟁을 할 수도 있음을 알아야 합니다. 우리가 죽고 난 후 일어날 일이니 우리는 모른다 하는 조상이 되기를 바라지 않는다면 지금 정신 차립시다. 그들 독일과 일본인들의 정직을 배웁시다. 그리고 힘을 키웁시다.

화가

어떤 사람을 만나느냐에 따라 사람의 일생은 달라질 수 있다. 어느 시골 학교에서 있었던 일이다. 박 군은 공부를 잘하는 학생은 아니었다. 그렇다고 운동이나 예능(藝能) 등 다른 무슨 특별한 것도 없는 그저 평범한 학생이었다.

매화나무

단지 이 학생은 종이에 무엇인가를 그리기 좋아하여 쉬는 시간이나 짬이 나면 언제나 연필로 긁적이고 있었다.

그런 학생을 담임 선생님이 눈여겨보시고 학생의 머리를 쓰다듬으시며

"너 참 그림을 잘 그리는구나. 소질도 있어 보이고 앞으로도 그렇게 열심히 그림을 그리면 틀림없이 훌륭한 화가가 될 게야."

박 군의 눈동자를 보시며 던진, 마음이 담긴 진정 어린 이 한마디 말씀이 학생의 일생을 결정했다. 자기를 보며 웃음 띤 인자한 선생님의 눈이 그것을 증명이라도 하는 것 같았다.

박 군에게는 선생님의 말씀 한마디가 가슴 깊이 박혔다. 한시도 뇌리에서 떠난 적이 없었다. 금과옥조(金科玉條)로 삼아 되새김하며 채찍질하며 노력했다. 젊은 날 좋지 않은 가정환경으로 인해 세월의 굽이굽이마다 생각지도 않은 일들이 생겼지만 그때마다 선생님의 인자한 얼굴이 떠올랐다. 선생님은 거짓말을 하지 않을 분이라는 것을 믿었다. 그 믿음이 박 군의 강한 집념을 만들었다. 노력으로 이어졌다.

세월 흘러 박 군은 훌륭한 화가가 되었다. 선생님의 덕담은 학생에게 용기를 주었고 믿음을 주었다. 선생님의 애정에 찬 관심과 보살핌이 힘이 되어 훌륭한 화가를 만든 것이다.

이와 같이 세상에는 어떤 사람을 만나느냐에 따라 하는 일은 물론 운명까지도 바뀔 수 있는 것이다.

좋은 인연은 선업(善業)을 쌓게 해 좋은 일로 이어지며 더 많은 사람들이 아름다운 세상을 만들어 가는 데 함께하게 할

것이다. 이와 반대로 나쁜 만남은 악업(惡業)으로 점철(點綴)되어 악의 구렁텅이로 빠져들게도 한다.

좋은 사람은 좋은 사람끼리 나쁜 사람은 나쁜 사람끼리 만나기도 하고 헤어지기도 한다. 좋은 사람들끼리는 아름답게 서로 당겨주고 밀어주어 서로 믿음이 가득해 웃음으로 헤어짐을 아쉬워하며 손을 흔들지만, 나쁜 사람끼리는 못 믿어 하며 서로 배신하고 얼굴을 붉히면서 상대를 헐뜯으니 인사도 없이 갈라선다.

어쩌면 '끼리끼리'란 말은 이러한 일들을 두고 하는 말일 것이다.

유유상종(類類相從)이란 말이 참 어울리는 말이 아닌가 생각된다. 그 사람을 알려면 그 사람의 친구를 보라는 말도 있다. 이도 만남의 중요성을 한 번 더 강조한 말일 것이다.

우리는 많은 사람들이 일생을 사는 동안 어느 한순간에 자기의 운명을 결정하는 만남을 가지는 것을 보게 된다. 만나지 말아야 할 사람, 만남 만나서는 안 될 사람과의 만남은 더 큰 불행을 가져다준다.

쌍둥이의 탄생

일본의 강제 합병으로 36여 년 긴 세월 동안 자유를 잃어버렸고 일본 사람들의 종노릇하며 수탈의 세월을 보냈다. 농촌 도시 할 것 없이 놋그릇이며 놋숟가락마저도 공출이란 명목으로 빼앗아 태평양 전쟁의 총이며 대포를 만드는 데 사용하였으니 심한 빼앗김의 정도를 말로 표현하기 어려운 현실 앞에 조선의 백성들은 억압에 몸부림치며 굶주림에 울었다.

10년이면 강산이 변한다는 세월, 강산이 세 번이나 변하는 긴 세월 동안 이름마저 빼앗겨 당시 국민(초등)학교 다니는 학생들 중에는 우리말보다 일본말을 더 잘하는 학생도 있었을 것이다. 이렇게 또 세월이 흘러간다면 일본인이 되는 것은 아닐까 걱정을 하면서도 그 속에 살려면 일본에, 일본인에 협력하며 사는 것이 편했을 것이다. 그러다 보니 마음속으로 반대하며 반감을 갖고 있어도 저 마음 깊은 곳에 숨겨두고 겉으로 협력을 하는 척 좋은 척 하면서 사는 사람들도 없지 않았을 것이다.

지금에 와서 적극적이고 능동적으로 일본인같이 행동하며

일본인 앞잡이로서 조선의 백성들을 수탈하고 백성을 괴롭히는 데 앞장선 앞잡이가 아니라면 당시 국내에 살았다는 이유만으로 단죄해서는 안 될 것이다. 낮에는 일본에 협력하고 밤이면 독립군에게 군자금을 주는 그러한 사람도 없지 않았다. 이런 사람들을 보아서도 애국자와 매국노의 구분이 드러나는 몇 가지 사실만 가지고 결정할 수 없는 것이다. 더욱이 현실에 네 편이면 자질구레한 것까지 들추어내서 매국노라 매도하고 내 편일 때는 큰 짓이라도 덮어 버리고 마는 일들을 저지르지는 않는지? 그러다 보니 일본 강제 합병으로 산 세월보다 더 긴 해방 70년을 맞이한 오늘까지도 과거에 매달려 과거를 가지고 죽일 놈 살릴 놈하며 반목의 비생산적인 세월을 보내지는 않는지?

과거에 매달려 갑론을박할 때가 아니라 지금은 더 나은 대한민국의 건설을 위하여 마음을 모을 때이다.

지금의 일본, 어디로 갈까?

참 딱하다.

이웃 일본이 어디로 갈까? 걱정하며 살아야 하는 우리들 처지 말해 무엇하겠나.

일본이라는 나라

반드시 핵무장 하며 군사 대국으로 간다.

지난 세월 살아온 날들을 봐라.

사람 죽이기를 닭 잡듯 하지 않던가?

사무라이 말이 좋아 무사이지

그들은

사람 죽이는 일에 이골이 난 백정(白丁)들이다.

임진왜란(1592년)을 일으켜 7년 동안 조선을 유린하고도 모자라

조선과 1905년 을사늑약을 체결하고 1910년 8월 29일 강제합병하지 않았는가?

318년 전 자기들 잘못을 알았다면 이러한 짓들 하지 않는다.

독도만 해도 그렇다.

명백한 우리 땅인데 자꾸 집적인다.

호시탐탐(虎視耽耽) 기회를 엿본다.

양식 있는 일본인이라면

일제강점기 자기들이 저지른 잘못도 있고 설혹 독도가 과거 자기 땅이라 해도 잘못을 보상하는 의미에서도 자기 것이라고 말 못 할 것인데 역사적으로나 현실에서도 자기 것도 아닌데 우기는 것 봐라.

좋은 이웃이기는 당초 생각을 말아야 하는 자들이다.

귀 무덤도
코 무덤도
광동 대지진 때 조선인 학살도
일본국 군인들의 성 노예 할머니들의 피맺힌 눈물도
다 그들 일본인들이 저지른 만행이다.
한일 관계 과거 긴 역사를 보면 더욱 명백하다.
역사를 보고 배운다 했다.

동서고금을 막론하고 힘없으면 남의 나라 종살이밖에 더 하는가?

이스라엘도 그랬고 우리도 그랬다.

너희가 무엇할래 어떻게 할래 안달할 것 없다.

(개인도 미래를 위해 보험도 들고 연금도 넣고 한다)

국가는 더 말해 무엇하리오. 최악의 일들을 가정해서 미래를 대비해야 한다. 국민의 안위와 재산 보호를 위해 최선의 대비책을 만들어야 한다.

그 길이 국력이다.

저 나라 집적이면 큰 코 다친다 하면 감히 넘보겠는가?

그럴 정도로 힘을 키워야 한다.

제주 강정마을 해군 기지 반드시 만들어야 하는 이유가 여기 있다.

이어도 문제뿐 아니라 바다를 통해 국제 사회로 나가는 길목 아닌가?

경제 발전시키고 부강한 나라 만들어야 나라를 지키는 힘을 가질 수 있다.

힘이 없어 당한 지난날을 겪고서도 모르는가? 아니면 잊었는가?

국제 사회는 영원한 적도 동지도 없다.

베트남을 보면 알 것이다.

어제의 적 미국은 지금은 어떤 관계인가를

힘이 있으면 적도 동지가 되지만 힘이 없으면 동지도 적으로 변한다.

자국의 이익을 위해서는 적도 동지도 없는 것이 국제 사회이다.

해방이 되어 그나마 남아 있던 것도 거의 없는 상태에서 해방 후 한겨레이면서 좌우로 갈라져 싸우다 복구할 시간조차 갖지 못하고 6 · 25 한국 동란, 죽고 죽이는 동족상잔의 전쟁 중에 몰래 숨겨둔 것까지도 모두 불타고 파괴되었으니 온전한 것이라고는 하나 없던 그 시절 어떻게 살아야 되는지도 무엇을 해야 할지도 잘 모르던 시절이 있었습니다. 무엇을 먹고 살 것인지 식량은 해마다 부족했으며 자원이라고는 없는 나라, 그런 가운데 휴전선을 경계로 남북으로 갈라져 전쟁이 끝났다고 하나 서로 총부리를 겨누고 언제 또다시 전쟁의 화마가 온 국토를 유린할지 불안한 나라, 수출로 먹고 살아야 하며 산업을 일으켜야 한다고 하나 수출이란 무엇인지 또 무엇을 수출할 것인지 모르던 그 시절 국민 모두가 어려웠던 그 60·70년대를 기억하십니까? 그 시절 어느 공장에서 낮에는 재봉틀을 밟고 밤에는 공부를 하면서 열심히 산 어느 여학생의 기막힌 사연입니다.

하루 10시간이란 긴 작업도 마다 않았던 시절 그것도 부족해서 또 2시간을 잔업이란 이름으로 솔선하여 일하였던 시기가 있었습니다. '잘살아보세.' 라는 구호 아래 마을 길을 넓히는 등 마을 전체가 공동으로 일하는 모습들을 농촌 어디서나 볼 수 있었으며 도시에서는 '하면 된다.' 는 신념 아래 우리들의 딸과 그리고 어머니들의 머리카락이 짝짝 가위를 두드리는 엿판 리어카에 실렸습니다. 시골 골목길을 누비는 아저씨가 동네 꼬마에게 엿을 주고 산 달비(머리카락을 다듬어 만든 묶음)를 모아 가발을 만들어 외국에 팔아 외화를 벌어들였습니다. 머리카락이 초창기 한국 수출의 선두 주자 역할을 할 때 일입니다.

가난을 벗어나기 위하여 농촌에서는 새마을 운동이 활발하게 전개되었으며 도시에서는 하면 된다는 기치 아래 한창 산업화가 사회 전반에 걸쳐 정부 주도로 빠르게 진행되었습니다. 일 년 경제성장률이 연 10% 이상 달성된, 일할 사람이 부족했던 고도 성장 시대의 이야기입니다.

반만년 긴 역사 동안 잘살았던 적이 어디 한 번이라도 있었습니까? 모든 백성이 배불리 먹었던 적 있었습니까? 이와 같은 가슴 아픈 우리의 가난의 긴 역사를 우리 후손들에게 대물림하지 않기 위하여 젊은 우리 세대가 희생함으로써 가난의 대물림을 끊어버리자며 사명감을 가지고 일할 때였습니다.

희생이란 자기 몸을 돌보지 않고 대의(大義)를 위해 몸을 바칠 때, 생명까지도 바칠 때 주어지는 이름입니다만 우리들이 바라는 것은 총칼을 들고 싸워 조국을 지키라는 것이 아니었습니다. 총칼을 드는 대신 호미와 낫을, 펜을 들고 작업복을 입고 자신들의 앞날을 위해 열심히 일하는 것이며 이것은 후손들을 위해 부지런한 세대가 되는 것을 의미하기도 했습니다. 이것을 희생이란 이름으로 독려하였다 해야 할 것입니다.

이는 어느 회사 경영자의 호소였으며 신념이며 철학이었습니다. 그의 뜻에 동의하는 많은 사원들의 자발적인 참여는 회사 사원들의 사기를 한층 더 진작시켰으며 '할 수 있다', '하면 된다'는 마음으로 똘똘 뭉쳤습니다. 열심히 일을 하였습니다. 또 당시 살았던 사람들은 그 시대정신을 이렇게 얘기합니다.

시대정신

젊은 그때 우리들의 정신은 배불리 먹을 수 있는 길
그 길을 찾는 것입니다.
그 길은 자원이 빈약한 우리나라로서는
무엇이나 만들어서 외국에 내다 파는
수출에 있음을 알았습니다.
가난했던 60년대
숨을 헐떡이며 넘으려 해도 넘기 어려웠던
그 보릿고개
건설 장비 하나 없이 엄청 높은 보릿고개를
수출이라는 장비 하나로
깎고 뭉개어 평지로 만들어 넘으려 했습니다.
어떤 경영자는
Y셔츠 몇 장을 가방에 넣고 생산된 지 얼마 되지 않은 라면 한 봉지를
비행기 시간에 맞춰
무엇에 쫓기듯 요기로 때우고는
부산에서 미국으로 일본으로 유럽으로
미수교 국가인 수단으로
이웃집 마실 가시듯 다녔습니다.

수단에서는
현지인의 맨발에 절망보다
신발을 신길 수 있다면
엄청 많이 팔 수 있다 하신 긍정적인 발상의 전환은
지금도
세일즈맨들에게 회자(膾炙)되는 일입니다.
촌음을 아끼고
자신의 몸도 돌보지 않고 끼니마저 잊으며 열심히 일했습니다.
우리 민족의 반만년(半萬年) 아주 긴 역사(歷史) 동안
언제 한번 인간답게 잘산 적이 있었습니까?
반문하는 그럴 때가 있었습니다.
자신 있게 말할 수 있는 사람 한 사람도 없음을
가슴 아파합니다.
더욱 호란(胡亂)과 왜란(倭亂) 때는
남의 나라 병사들의 토(吐)악질한 것까지 핥아 먹었다는
부끄러운 일화는
얼마나 배가 고팠으면 하면서도
고개를 떨어뜨려야 하는
그 현실이 가슴 아팠습니다.
굶주림의 이 한(恨)을 씻어버리고
잘살기 위해서는

어느 한 세대 희생(犧牲) 없이는 잘살 수 없다는
신념이 이심전심으로 전해졌습니다.
후손들에게 잘살 수 있는 길
그 길을 물려주기 위해서는
우리 세대 아니 오늘에 사는
우리 젊은 세대가 희생을 하자.
우리 세대의 희생이 하나의 구호가 되어
밤도 낮 삼았습니다.
뒤를 돌아볼 여유가 없었습니다.
앞으로만 가야 하는
그러한 정신이 자랑일 때였습니다.
노는 것은 허영이며 사치인 한때가 있었습니다.

여기저기에 건물을 짓고 공장 굴뚝이 높이 올라가는 모습은 도회 어디에서나 흔히 볼 수 있는 풍경이 되었습니다. 그러다 보니 베를 짜는 공장에서는 직수란 이름의 종업원이, 옷이나 신발을 만드는 공장에서는 재봉틀을 밟는 여종업원이 생겨났으며 또 다른 공장에서도 일손이 부족했습니다. 각 회사에서는 일하는 사람을 모집하기 위하여 발 빠르게 움직였습니다.

그중에 중학교를 졸업하고 가정 형편이 어려워 고등학교 진학을 포기하고 시골에서 가사를 돌보며 농사철에 모자라는 일손을 도우면서 미래 예비 신부수업을 하는 새내기 처녀들을 뽑아 기숙사에 기거케 하고 밤에는 야간 고등학교를 갈 수 있도록 하는, 즉 '산업체 특별 학급'이라는 제도를 만들었습니다. 초등(국민)학교 6년간은 의무교육이었지만 당시에는 의무교육인 초등학교도 갈 수 없는 아이들도 있었습니다. 중학 진학률이 36%(1970년도 중학교 진학률)였으니 나머지 64% 학생들은 가고 싶어도 갈 수 없었던 시절이었습니다. 중학교가 이 정도 진학률이니 고등학교는 오죽했겠습니까? 주경야독, 즉 주린 배를 채워주며 배움에 목말라 하는 아이들에게 배움의 기회를 제공하는 일석이조의 제도(지금도 그런 제도가 있다 해도 아마 미미할 것입니다)가 만들어진 것입니다.

야간에는 학교에서 공부를 하고 낮에는 공장에서 일을 하는, 시골에서 도시로 나온 많은 남녀 학생들이 있었습니다. 그런 남녀 학생 중 극히 일부는 취직을 해서 일을 배우기도 전에 휘황찬란한 도회의 유혹에 마음이 흔들려 중도에 학업을 포기하고 사치와 허영에 물들어 술을 파는 야간 업소를 나가는 경우도 있고 또 다른 엇길로 나가 부모의 애간장을 태우는 경우도 없지 않았습니다만 대부분의 학생들은 공부도 일도 열심히 하여 매월 월급을 받아 부모님께 송금하여 가난한 집에 농토를 사드리는 등 가정 경제에 많은 보탬을 주었습니다.

어떤 집의 경우는 오빠나 남동생(그때까지만 해도 아들이 그 집안의 대들보이며 대를 잇는 가장으로서 가정을 이끌어

가야 하는 것으로 믿었으며 남존여비 사상이 지배하고 있었습니다)은 당연히 상급학교에 진학을 해서 더 배워야 하고 여자는 돌리면 깨어지는 사기그릇과 같다는 말들을 믿은 것인지 집에 주저앉혔습니다. 어떤 집안은 딸들은 오빠나 남동생을 위하여 학비를 부담해야 한다고 생각했습니다. 실제로 그러한 집이 의외로 많았습니다. 어떤 가정에서는 장남을 위하여 많은 남녀 동생들이 희생한 경우도 있었습니다. 그러니 딸은 더 말할 나위 있었겠습니까? 딸들은 으레 그래야 하는 것으로 알고 가정과 오빠나 남동생을 위하여 적극적으로 자기희생을 마다 않은 대한민국의 딸들도 많았습니다. 그때 대한민국의 딸들이 오빠나 동생들을 공부시키고 돈을 모아 가정경제를 일으킨, 나라 경제를 살린 실질적인 역군이었다 해야 할 것입니다.

지금 이만 불이 넘는 국민소득도 그때 그 딸들의 노력이 많은 보탬이 되었음을 지나쳐서는 안 될 것입니다. 그중에서도 맏딸의 희생이 돋보였습니다. 공장에서 밤낮으로 일하는 큰누나의 도움으로 상급 학교에 진학한 뒤 보답하듯 열심히 공부하여 사법고시에 합격해 시골 면 소재지 넓지 않은 도로를 가로질러 '축 무슨 동 누구의 아들 제몇 회 고등고시에 합격'이란 현수막이 걸리면 지나는 시골 사람들의 눈시울이 붉어졌습니다. 한 집안의 눈물겨운 이야기가 시중에 회자(膾炙)되기도 했습니다. 칭찬인지 아닌지 모르겠습니다만 이를 두고

'개천에 용이 났다.' 고 말했습니다. 그리고 그런 일들은 삼천리 방방곡곡 여기저기에 나타나 개천의 용들을 많이 만들어져 전 국민이 기뻐하기도 했습니다. 그러니 딸이나 아들 중 맏이는 태어나는 것이 아니라 만들어진다는 얘기도 있습니다. 그중 하나의 예가 하얀 간호복을 입고 머리에는 흰 간호사 캡을 쓰고 팔을 탁탁 두드리며 좋은 환경에서 주사를 놓는 간호사가 괜찮은 직업인 줄 알았는데 흰 몸에 노랑 털을 가진 거구의 할아버지, 할머니들이 죽으면 알코올을 묻혀 수건으로 닦는 일인 줄은 예전에 미처 몰랐던 파독 간호사며 지하 수백 미터 막장에서 목숨을 걸고 다른 나라 사람들의 연료인 석탄을 팠던 파독 광부일 것입니다. 조사하여 통계를 만들지 못해서 모르긴 해도 파견된 간호사와 광부들 중에는 한 집안의 장녀나 장남이 많지 않았을까 생각합니다.

한국인 그는

그는 의지의 한국인이다.
자기 삶을 실현하기 위하여 서독 광부로
지하 수백 미터 갱도에서 막장의 삶도 살았다.

열사의 나라 사우디에서
건설의 역군으로 진한 땀방울을 흘리기도 했다.
그리고
귀신 잡는 해병으로
월남에서 공산주의자와 싸우기도 했다.
한 곳 가기도 어려운데
지금 우리나라 경제를 있게 한 그 밑바탕인
세 곳을 자원하여 가셨다니 가히 놀랍다.
기피(忌避)하여 군(軍)이 무엇인지도 알지 못하면서
무슨 단체니 무슨 연대이니 연합이니
자기들 마음대로 만든 단체를 앞세우고
길거리에서
오늘도 감 놔라 대추 놔라
떼 간섭만 하시는 말로만 애국하시는 분들
부끄러운 줄 아세요.
그를 보세요.
지금 70을 넘어
고엽제 후유증으로 인한 전립선암으로 앓아누우셔
이런저런 불평 많으실 텐데
국가에 대해 원망 한마디 않으시고
내가 누구여 귀신 잡은 해병이잖아 하시며
털고 일어나시어

여기저기 다니시며
웃음으로 하루를 보내신다.

발다살 님!
당신은 진짜 애국자이십니다.
근본이 휘어져 버린 요즘 세상에
올곧은 정신으로
두루 세상을 경험하신 당신 같은 노익장이 계셔
그래도
세상은 조금은 더
살맛이 나는가 봅니다.

발다살 님!
한 번 해병은 영원한 해병이신 그 정신으로
까짓것
병이 무엇이여 하시면서
훌훌 털고 일어나시어
완전 독립인 통일의 그날
굶주린 이북 동포들의 손을 맞잡고
개성을 출발하여 평양으로 신의주까지
원산을 지나 삼수갑산까지
기쁨에 넘쳐 내 땅에 입 맞추며

때로는 하늘을 우러러보며 함께 가는 그날까지
건강 추슬러 주시길 기도 드립니다.

* 어느 분의 일대기를 간단하게 글로 표현했습니다. '발다살'은 천주교 세례명입니다.

어느 가정에서는 장남만 대학을 나오고 그 밑에 동생들은 줄줄이 공장 아니면 식당에서 일을 했다. 동생들이 가정경제를 책임졌으며 맏이(남)를 대학까지 졸업시켰다. 맏이가 결혼한 뒤에야 세월 흘러 밑의 동생들도 줄줄이 장가가고 시집갔다. 그 어려웠던 지난날 동생들의 수고와 피땀 어린 고생은 아랑곳하지 않고 자기가 잘나 대학을 나오고 출세한 것으로 착각했었는지 자기 식구만 챙기면서 동생들은 배운 것 없다며 무시하며 안중에도 없는 맏이의 처신에 실망과 분노를 느낀 나머지 오빠를 형을 미워하며 심지어 부모님께 왜 이렇게 맏이만 공부하도록 하셔야만 했느냐며 지차(之次)는 자식이 아니냐며 원망하고 부모에게 대들기도 따지기도 하며 분란(紛亂)을 일으켜 왕래조차 하지 않은 집도 없지 않았다. 장자면 장자답게 아무리 자기 자식이 귀엽고 사랑스러워도 그간 동생들의 노고에 감사하며 인격적으로 대우하며 자기 자식들이 아무리 사랑스러워도 동생들 앞에서는 표정 관리를 해야 함에도 그러지 못한 것이 가정 평화를 크게 저해한 요인이었다 해야 할 것이다. 일부 소수를 제외하고는 거의 모두가 어려웠던 시절의 이야기이다.

사람은 망각의 동물인 모양이다. 하긴 잊어버려야 살아갈 수 있는 일들도 많이 있다. 금쪽같은 아이를 잃은 부모라든지 반대로 연세가 많지 않은 부모를 하루아침에 사고로 잃어 슬퍼하는 자식은 세월이 망각이라는 약을 주기 때문에 살아갈 수 있을 것이다. 이 모든 일들은 잊지 않으면 살 수 없는 일이지만 그와는 반대로 남들이 도와주어 잘된 것인 줄을 알면서도 모든 것이 자기가 잘나서 그리된 것처럼 시건방지게 굴다 욕을 바가지로 먹는 졸부같이 잊어버려서는 안 되는 일들도 있다.

어느 시골에서 도회로 직장을 얻어 산업체 특별 학급에 진학한 여학생이 있었다. 2학년이 되기까지 2년 동안은 오직 회사와 기숙사를 오가며 공부 아니면 회사 일에 매달려 바깥출입을 모르고 살았다. 학급에서 2년 동안 1등을 빼앗긴 적이 없었다. 성적뿐만 아니라 모든 분야에서 모범적인 학생이었다. 이름은 설정(薛貞)이며 성은 오(吳) 씨이다.

오설정(吳薛貞)은 2년 동안에는 그리 멀지 않은 고향이지만 추석 설 명절 외는 차비를 아끼려고 시골집을 가지도 않았다. 설이나 추석 명절 때는 귀향 인원을 조사하여 회사 버스가 일정 노선을 정하여 시골집 가까이까지 운행하여, 조금만 걸어가면 도착할 수 있는 곳까지 버스가 데려다 주어 돈 한 푼 들이지 않고 귀향할 수 있었다.

이 회사에서 명절 때 사원들을 태우고 귀향하는 수십여 대의 버스를 향해 사장 이하 여러 간부들이 긴 줄이 되어 잘 다녀오라면서 운동장에서 손을 흔들며 배웅하는 모습은 아름다운 귀향 영화 속의 한 장면같이 보였다.

아버지는 설정(薛貞)이가 어릴 때 돌아가셨으며, 그녀의 가정은 홀어머니와 오빠 한 분뿐인 단출한 가정이었다. 오빠는 10살이나 나이가 많은데 고등학교를 졸업하고 무슨 이유에서인지 군에도 가지 못하고 그렇다고 농사를 짓는 것도 아닌 그야말로 여기저기 돌아다니며 빈둥빈둥 노는 청년이었다. 자신의 어머니가 남의 집 농사일을 거드는 등 발품을 팔아 살아가는데도 어머니에게 의지하여 밥버러지의 삶을 살았다. 여동생이 공장에 취직을 해서 집을 떠나 도시로 갈 때에도 놀면서도 무엇이 그리 바쁜지 떠나는 동생의 얼굴도 보지 않았다.

3학년에 올라와서 두어 달이 지난 후, 지난 설에 고향에 다녀왔으면서도 모처럼 하루 휴가를 내어 고향집에 갔다. 3학년에 진학해서 마음 맞는 친구와 조그마한 방을 얻어 자취를 시작하였다. 자취를 하는 것은 어머니께서 모르시는 일이라 사후이지만 말씀드려 허락을 받아야 했다. 또 그사이 공장 생활을 하면서 먹을 것이며 입을 것 아껴가며 모은 돈과 집으로 송금한 돈을 합하면 지금쯤은 얼마가 되었을까? 이번에 조장으로 진급했으니 조금 월급이 오르면 앞으로 돈을 얼마나 더 모을 수 있을지 상상했다. 그간 집에서 적금을 든 돈은 만기 때 찾아 어머니께서 사용하시도록 말씀드리고 앞으로 받을 월급 중 적금 외에 남는 돈은 모아 야간대학 진학을 위해서 사용할 것이며 영어영문학을 전공하여 지금 다니는 회사 해외영업부 직원들같이 외국으로 다니는 세일즈맨으로 지구촌을 누비는 훌륭한 직장인이 되겠다는 야무진 꿈을 가지고 있었다. 어머니도 기뻐하실 자기의 꿈도 말씀드릴 겸 발걸음 가볍게 고향을 찾은 것이다.

땅거미가 기어다니는 어슴푸레한 무렵 고향 집에 도착했다. 고향 집에는 전에 없던 강아지 한 마리가 설정(薛貞)을 언제 보았는지, 자기가 이 집 주인의 딸이란 것을 아는지 짖지도 않고 마루 밑에서 꼬리를 흔들며 기어나오는데 '처음 뵙겠습니다.' 하며 인사를 하는 것 같다.

마루에 올라서면서 "으음!" 인기척을 낸다.

"엄마 강아지는 언제 샀어요?"

하며 방문을 연다. 그 말에는 대답도 않으시고

"야야! 우얀 일이고 소식도 없이. 회사에 무슨 일 있나?"

어머니는 놀라시며 먼저 걱정부터 하신다.

"엄마, 무슨 일 있기는요. 그런 거 없심더. 엄마 보고 싶어 왔제."

하면서 방으로 들어간다.

어머니는 미리 연락도 없이 집에 온 딸을 보면서 반가움보다 걱정이 앞선다. 혹 딸에게 무슨 걱정스러운 일이 있나 하는 마음이 때문이기도 하고 또 한편 그간 딸아이가 송금한 돈을 은행에 적금으로 부은 것 때문이기도 했다.

한 달 한 달 쌓여 돈이 꽤 됐다. 두 달 전 일이다. 딸이 송금한 돈으로 적금을 넣으려 통장을 찾았다. 언제나 통장은 반닫이 깊숙이 옷 가운데 넣어두었다. 그런데 아무리 찾아도 없었다. 설마 동생이 고생고생하며 모은 돈까지 찾아 노름으로 날려버리는 정말 못난 인간 말종은 아닐 것이라 생각했었는데 아닌 게 아니라 아들놈이 몰래 귀신같이 찾아 통장과 도장을 가지고 은행에 가서 적금을 해지하고 노름으로 다 탕진해 버리고 말았다. 편지로 이 사실을 알리려다가 뭐 좋은 일이라고 다가오는 추석 때 만나서 얘기하지 속으로 생각하고 그때까지 어머니께서는 더 열심히 품을 팔아서라도 한 푼이라도 더 모아 통장에 넣어 놓고 딸이 오면 그것이라도 내어 놓고 자초지종 이야기해야지 생각했었는데 생각지도 않게 이렇게 불쑥 지난 설에 오고 겨우 3달밖에 지나지 않았는데 딸이 온 것이다.

올 때도 아닌데 생각하면서 혹 딸아이에게 무슨 나쁜 일이 생겼나 걱정이 되기도 하였다. 원래 나쁜 일이나 좋은 일이나 한 번 일어나면 연속으로 일어난다. 좋은 일은 그냥 두어도 무방하나 나쁜 일은 한 번 일어났을 때 미리 단속을 철저히 하여 예방하여야 한다. 더욱이 공장이나 회사같이 여러 사람들이 모여 함께 일하는 곳은 더 주의하여야 한다. 왜냐하면 한 번 일어난 사고는 겹쳐 일어나기 때문이다.

어머니는 모처럼 딸아이가 와서 무얼 먹여야 하는데 지금 집에는 별 다른 반찬이 없다. 혼자 있을 때는 식사는 언제나 대충 먹어 치운다. 아들도 집 나가서 들어오지 않은 지 벌써 몇 달이라 별도 반찬이라고는 없다.

앞 가게 가서 두부라도 한 모 사서 두부찌개라도 끓어 먹여야지 하면서 부엌에 들어갔다. 바가지에 물을 담아 놓고는 귀한 멸치 몇 마리를 풀어두고 앞치마에 물 묻은 손을 닦으면 방안을 향하여 말을 한다.

"설정(薛貞)아, 배고프지? 저녁밥 맛있게 지어줄게 조금 기다리라."

하고서는 사립문을 열고 밖으로 나왔다.

엄마 보고 싶어 왔다 하지만 혹 나쁜 일은 아닌가 걱정을 하면서 종종걸음으로 다녀와서 밥을 지어 상을 들고 방으로 들어갔다.

딸도 시장한지 밥을 잘 먹는다. 밥 먹을 동안에는 아무 말도 하지 않았다.

저녁을 먹고 난 후 설거지를 마치고 호롱불을 사이에 두고 모녀가 마주 앉는다.

"야야! 명절도 아닌데 무슨 일로 왔나?"

하면서 운을 뗀다. 딸아이가 "엄마." 하며 앉은걸음으로 엉덩이를 들썩이며 자기 앞으로 다가와 엄마의 두 손을 꼭 잡으며 빤히 쳐다본다.

"엄마 있잖아."

하면서 가슴을 어머니 쪽으로 반 뼘 정도 내 밀며 자기의 계획을 얘기한다.

"엄마 있잖아, 내년에 졸업하면 나 대학 갈 꺼다. 엄마 어떻노? 정말이지 좋체?"

딸아이의 이 말 한마디가 얼마나 큰 기쁨인지 모른다. 딸이지만 돈만 있다면 중 · 고학교, 대학교뿐만 미국 아니라 더 높은 데까지도 보내고 싶다.

객지로 보내면서도 내 딸 설정(薛貞)이는 더 공부를 시켜야 하는데 그놈의 돈 때문에, 하면서 울먹였다. 그래도 회사에서 야간에 고등학교 보내준다니까 속으로 괴로워하면서도 위안이 되었다. 국민학교 다닐 때에도 남들보다 잘해 준 것 하나 없었다. 공납금을 제때 낸 일이 있나, 선생님을 한 번 찾아간 일도 없었다. 소풍날에도 반장이면서도 선생님 도시락 한번이라도 사 드린 일도 없다. 그래도 언제나 일등을 놓친 적은 없었다.

남녀 공학인 국민학교에서 여자아이가 반장하는 일이 흔하지 않았는데 세 번이나 반장을 했다. 심지어 오빠는 동생 설정(薛貞)이의 통지표를 보면서 "가시나 또 일등 했네." 하면서 시기하며 질투하는지, 항상 끝에서 계산하는 것이 빨랐으나 과거 좋지 않았던 자기 성적을 이런 말투로 얼버무리고는 자리를 피해 달아나는 것이다. 오빠는 지금까지 저학년일 때를 제외하고는 자기의 통지표를 어머니께 보인 적이 없었을 뿐만 아니라 그 누구에게도 보인 적이 없다.

오빠이면서도 나이 차이가 10살이나 나는데도 오빠 짓 할 요량은 하지 않고 어린 동생과 경쟁하는지 시샘하는지 나잇값을 하지 못한다. 마음 같아서는 딸아이를 따라 도회로 나가고 싶은 마음이기도 하지만 안 그래도 행실이 비뚤어진 아들놈인데 도회로 가면 더 나빠질 것 같아 선뜻 마음을 낼 수 없었다. 그러나 또 여기 있어야 할 특별한 이유도 없다. 논 한 데지기(한 마지기) 있나, 겨우 마당이 좀 넓은 집 한 채 뿐이다.

엄마는 무슨 말을 어떻게 할지 아득했다. 오빠가 통장을 훔쳐가서 돈을 찾아가지고는 노름으로 다 날려 버렸다고 말할 수도 없는 노릇이다. 형제라곤 남매뿐이라 서로 의지하며 살아도 이 모진 세상에 외로울 텐데 이 일을 아는 날엔 맺고 끊는 것이 분명한 딸아이 성미로 보아 오빠를 다시 보려고나 할까 생각하니 곧이곧대로 얘기할 수는 없었다. 그렇다고 말을 하지 않을 수도 없고 하여 어쩔 수 없이 거짓말을 하기로 마음먹었다.

마른침을 꿀꺽 삼켰다.

"야야! 옆집 진천댁 있잖아. 너 알제? 정숙이 엄마 말이다. 계를 들면 은행보다 아주 높은 이자로 돈이 불어난다 않카나."

말이 끝나기 무섭게 어머니가 무슨 말씀을 하시려는지 갸우뚱 고개 돌리며 본다.

"그래서 너하고 상의도 없이 계를 들었다."

딸이 "그런데요, 엄마?" 하고 반문을 한다. 어머니가 머무적거리시면서

"그라고 늦게 타는 것이 더 낫다 말하기에 끝에서 셋째 뒷자리 번호를 안 받았나. 그런데 말이다. 내가 탈 차례인데 계주가 도망을 가 버렸다. 내 뒤에 탈 사람이 두 명이나 더 있는데 말이다. 그 집에서도 울고불고 야단이 났다. 도망간 계주는 여기 말고도 여러 곳에 여기와 똑같은 짓을 저질러 놓고 안 갔나. 나중에 알고 보니 전에 살던 곳에서도 같은 짓 하고 이리로 이사 왔다 안카나? 제 버릇 개 못 준다더니 여기서도 또 똑같은 짓을 저질러 순진한 사람들을 많이도 울렸다. 가재도구가 마당에 나뒹굴고 그릇은 온통 깨지고 집에 난리가 안 났뿐나? 계주는 처음부터 계획적으로 한 모양이다. 쓸 만한 것은 미리 다 빼돌려놓고 마당에 뒹구는 물건들은 거저 주어도 가져가지 않는 것들뿐이다. 그래서 지난달부터 다시 은행에 적금을 들었다."

하면서 한 달 부은 새 통장을 보여주는 것이다.

그 말씀을 하시면서 "우야꼬! 애야, 내가 잘못했다."라며 우시는 것이다.

설정(薛貞)이도 따라 눈물을 흘렸다. 사람들은 아무것도 가진 것 없는 우리 같은 사람들을 왜 괴롭히는 것일까? 불행이 자기에게만 있는 것 같은 생각이 든다.

뼈 빠지게 일해서 2년간 모은 돈이긴 했지만 어머니는 하등

잘못하신 것도 없으신데 콧물까지 흘리면서 범벅이 되어 우시면서 잘못했다 말씀하신다. 잘못한 사람은 계주인데….

눈물을 흘리면서도 설정(薛貞)은 가만히 생각해 본다.

내가 설에 왔을 때에도 돈에 대해서는 아무 말씀도 없으셨다. 용돈 하시라고 드린 돈까지도 꼬불쳐놓고(몰래 감추어) 쓰지 않으셨다며 "너 준 것 모았더니 돈이 좀 되더라."라는 자랑 섞인 말씀도 하셨다. 적금을 깨고 계를 들었다는 말씀은 더더욱 없었는데 필시 무슨 말 못할 다른 사정이 있으신 것이다.

더욱이 어머니의 성품으로 보아 계 같은 위험한 것을 드실 분은 아니니 문제의 사단(事端)은 다른 곳(오빠)에 있는 것이 틀림없다고 생각했다.

설정(薛貞)은 범인이 오빠일 것이라는 생각에서 넌지시 묻는다.

"오빠는 요즘도 집에 안 들어오시나요?"

하며 묻는다. 어머니의 대답은

"그놈의 화상은 돈이 떨어지면 들어왔다가는 돈이 생기면 그길로 어딜 가는지 사라지고 없다. 그러다 돈이 떨어지면 슬그머니 들어와서는 몇 날 며칠을 꿈적도 않고 방구석에 처박혀 있지 않나. 이젠 그놈은 상판만 봐도 겁부터 난다."

어머니를 심문하는 것이 아니라 알고 싶어서 물어본 것이지만 죄송스럽다.

"어머니, 지난번 오빠 나가실 때는 무슨 돈이 있었나요?"

어머니는 갑자기 얼굴색이 변하시면서 더듬더듬하신다.

"내가 어디 쓰려고 꼬불쳐놓은 것이 좀 있었다."

어머니는 평소 없이 살아도 공짜로 남의 것을 바라는 성미는 아니시다. 배운 것이 없어도 콩 심은 데 콩 나며 팥 심은 데 팥이 난다는 것이 어머니의 신념으로 일을 하지 않으면 먹지도 말라는 말씀을 하셨다. 빈둥빈둥 놀고먹는 오빠에게 언젠가 말씀하시는 것을 들었다. 어쩌다가 저런 놈이 내 속에서 나왔는지 하시면서 한탄하신 일도 있었다. 계 같은 것을 들 분이 아니라는 것을 알면서도 우시면서 하시는 어머니의 말씀을 믿기로 했다. 이유가 오빠에게 있다는 것을 빤히 알면서 더 따져 물을 수는 없었다. 불을 보듯 빤히 보이는 일을 가지고 어머니를 고문할 수 없었다. 이러한 현실 앞에 어머니에게 재차 묻는 것은 고문이니 어머니를 위로할 수밖에 다른 도리가 없었다.

이튿날 아침을 먹으면서 제가 용돈하시라며 드린 돈도 쓰지 않으시고 모았다며 자랑하신 것을 기억하고

"엄마 용돈 하라고 제가 드린 돈도 모았다면서요. 지난번에 얘기하셨잖아요? 그 돈은 지금 얼마나 되는데요?"

하고 여쭈었다. 또다시 머뭇거리시다

"야야 그 돈은 누가 높은 이자를 준다기에 며칠 전에 찾아서 이웃에 빌려주었다."

하시는 것이다.

누구에게, 어느 집에 빌려 주었습니까 하고 다시 여쭈어 보

려다 어머니의 이 말씀도 보나마나 거짓이며 그간 적금한 돈과 마찬가지로 이 돈도, 어머니의 또 다른 돈이 있었다면 그 돈까지도, 아니 엄마가 가진 모든 돈을 아마 오빠가 탕진하여 한 푼도 남아 있지 않을 것이라고 생각했다. 오빠의 그간 행실로 보아 충분히 그러고도 남을 위인이다.

먼저 어머니의 돈부터 그러다가 노름을 하다 보니 또 돈이 모자라 동생의 돈까지 몰래 가져다 탕진한 것이다. 자꾸 물으면 엄마만 곤란하고 마음을 상할 뿐이다. 괜히 오빠가 탕진한 돈이 다시 돌아올 것도 아닌데 엄마만 괴롭히는 꼴이다.

그보다 돈도 돈이지만 오빠의 하는 짓이 얼마나 큰 불효인지 모르는 오빠가, 아니 알면서도 나쁜 버릇을 버리지 못하는 오빠가 너무 밉고 또 안타깝다. 그런 잘못을 저지르는 것을 알면서도 돈을 주시는, 아니 빼앗기는 어머니의 마음은 얼마나 아프실까? 모르게 가져가도 어떤 방법도 쓸 수 없는 엄마의 마음은 더 아플 것이다.

그런 생각을 하면서도 왜 엄하게 혼을 내어 그러한 짓을 하지 못하도록 하실 수는 없었을까 한다. 머리가 다 굵으면 자식이라도 마음대로 할 수 없다는 말은 진실인 모양이다. 또 자식 이기는 부모 없다는 말은 이럴 때는 쓰는 것은 아닐 것인데 하면서 뒤틀린 오빠의 나쁜 버릇은 어떻게 하더라도 고쳐야 하는데 생각한다.

설정(薛貞)이가 사는 이곳은 노름이 심한 지역이다. 노름 때문에 여러 집이 거덜 나 없는 가산이지만 정리도 못하고 야반 도주 한 집도 몇 집 된다. 더욱이 고등학교 졸업한 애송이 청년들이 4H(머리(Head), 마음(Heart), 건강(Health), 손(Hands)) 라는 농촌 잘살기 운동을 위한 단체에 가입하여 한 첫 일이 농한기 노름 몰아내기 운동이었다. 어린 학생들이 밤에 마을을 순찰하면서 노름하는 것을 발견해 그 집에 들어가 말리면 처음에는 이런 볼썽사나운 일이 어디 있나 하면서 어른을 가르치려 하느냐 도리어 야단을 치시더니만 학생들이 끝까지 물러나지 않고 딴 것을 돌려주지 않으면 모두 지서에 고발하겠다고 하니까 또 양심 있는 어른들은 학생들에게 자기들의 잘못을 부끄러워하며 말없이 물러나기도 하고 은근슬쩍 도망가기도 하며 후에는 경찰보다 학생들에게 들키는 것을 더 두려워하며 부끄러워하였다. 이후에는 다소 노름이 줄어드는 듯하였다. 이런 고장이니 그 심각성은 짐작하고 남음이 있다. 그래서 이곳에서는 노름하러 가는 것을 '○○새재 간다' 라는 은어(隱語)가 있는 지역이기도 하다.

설정(薛貞)은 혼자 생각해 본다. 아버지가 살아계셨으면 어찌하셨을까? 오빠의 그 못된 나쁜 버릇을 고쳐주셨을까? 앞으로 엄마의 고생이 불을 보듯 뻔하다. 아니, 이래 가지고 오빠도 앞으로 어떻게 살려는지…. 동생 같으면 머리라도 쥐어박고 쾅쾅 두들겨 패기라도 하겠는데 그러지도 못하고 오빠의 행실이 끝없는 데까지 내달리는 것 같아 아슬아슬하다 못해 고치기 어려운 나쁜 버릇이라 생각하니 하늘이 무너지는 심정이다.

어머니께서는 그간 내가 송금한 돈과 엄마 맛있는 것 사 드시라며 함께 부친 돈, 엄마 자신도 일을 해서 모은 돈 등 우리 식구 입에 풀칠할 정도지만 조금만 더 보태면 조그마한 텃밭이라도 살 수 있을 것 같다 하시며 좋아하시던 일이 지난 추석 때이셨는데 오늘은 너 볼 면목이 없다며 자기 팔을 붙잡고 우시니 어머니의 처량한 모습에 가슴이 미어진다. 모녀가 함께 손을 잡고 고개를 들고 천장을 보면서 울었다.

없어진 돈은 다시 쓸어 담을 수 없는 흘러간 물과 같으니, 어쩔 수 없는 일이다. 그래도 이는 노력하면 언젠가는 그보다 더 많은 돈도 모을 수 있지만 어머니에 대한 오빠의 불효는 오빠의 마음이 바뀌지 않는 한 다른 어떤 방법도 소용없는 것이 더 큰 아픔으로 다가왔다.

"엄마, 걱정 마세요. 지금부터라도 돈은 다시 벌면 되지요."

하면서 또

"앞으로 더 열심히 일을 해서 돈을 모을게요."

말은 하면서도 오빠가 뉘우치지 않는 한 우리 집의 불행은 계속될 것이며 어머니의 고생은 끝날 날이 없을 것이다.

어머니께 위로의 말씀은 드렸으나 큰 꿈을 그렸는데 한순간 무너진 꿈 때문에도 그랬지만 더불어 오빠 때문에 더욱 가슴 아팠다. 그러면서도 한 2년 늦게 태어난 것으로 생각하자 하면서 본인을 다잡았지만 마음같이 못하고 분노하고 아파하고 괴로워하고 원망하게 되는 것은 인간이기 때문일 것이다.

가지 않은 것보다 못한 시골집 방문이었다. 미리 안다고 달라질 것 없는 것과 오빠가 변하지 않는 한 또 다른 어떤 것으로도 되돌릴 수 없는 사실 앞에 답답한 가슴을 안고 다시 회사로 돌아갔다.

일을 하면서도 마음의 안정을 찾지 못하고 방황하면서 힘없이 하루하루를 보낸다. 문득 국민학교 다닐 때 작은 동네지만 등굣길에 책 보따리를 대각선으로 올려 메고 보무도 당당히 양팔을 흔들며 불렀던 노래가 생각난다.

산 위에서 부는 바람 시원한 바람
그 바람은 좋은 바람 고마운 바람
여름에 나무꾼이 나무를 할 때—

시원한 바람을 가슴 가득 안고 들판을 달렸던 기억이 난다. 조그마한 가슴에 무엇인가 모를 꿈을 그려 넣고 여러 친구들과 태양이 온 들판 허공을 하얗게 물들이면 유독 보리밭만이 푸르게 펼쳐진 논길을 걷는다. 5월의 맑고 밝은 하늘과 땅 사이 하얀 공간에 한껏 치솟는 청아한 노고지리 여러 마리의 자지러진 노랫소리로 반주도 없는 합주가 시작된다.

인사를 한다

하늘과 땅 사이 하얀 공간에
고추잠자리 떼 날고
노고지리 종알종알 목청을 높인다.
푸른 바다 파란 물결이 바람 따라 춤추듯
푸른 보리밭에
잘 자란 청록색 보리가
바다 물결이 되어 춤을 춘다.
허리를 폈다 숙였다
지나가는 나그네에게
꾸벅 또 꾸벅 인사를 한다.
벌판을 가로지르는
설레는 바람이 마음을 집적인다.

학교에서 돌아올 때는 보리들 속에 여기저기 제멋대로 함께 자란 깜부기를 뽑아들고, 같이 걷던 남자아이 얼굴에 칠해 주고는 놀리면서 달아난다.

달리기도 잘하는 설정(薛貞)이나 남자아이들의 지구력에 결국엔 따라잡혀 몇 배의 보복을 당하며 울며 집으로 뛰어왔던 그 길에 보리밭의 노고지리가 놀라 소리를 지르며 공중에서 날갯짓했다. 곧장 땅에 내려앉으려는 몸짓은 바로 밑에 둥지가 있는 것이 아니고 조금 떨어진 위치의 둥지에 새끼 노고지리가 있다는 표징이며 사람들을 새끼로부터 멀리 유인하기 위한 본성의 몸짓이라 것을 알았다. 어떤 때는 새끼 노고지리를 포획하여 가지고 나오면 어미 노고지리는 공중에서 이리저리 날아다니며 죽을 듯 호들갑을 떨며 온 들판이 날아갈 정도로 자지러진다. 노고지리도 일차원적인 사고는 갖고 있으나 어찌 사람의 머리를 따를 수 있을까? 그러다 슬쩍 둥지로 새끼를 넣어두고 집으로 가기도 했다.

그리운 그 시절이 얼마 지나지 않았는데도 엄청 많은 세월이 흐른 것 같은 착각이다.

겨우 이제 고등학교 3학년인데 생각하며 행동하는 여러 가지가 부모 곁을 떠나서 혼자 숙식을 해결하며 독립해서 그러한지 어른이 다 되었다는 생각마저 든다. 더욱 이번 시골 다녀와서는 말수가 줄어들고 무슨 생각을 그렇게 많이 하는지 명하니 먼 곳을 바라볼 때가 많다. 가까이 다가가도 모를 때가 많아 발을 탁 치며 "설정(薛貞)아!" 하며 놀리면 화들짝 놀라면서도 "아이참 계집애도." 하면서 억지웃음을 짓는다.

어릴 때 10년 차이는 엄청 크다. 형이나 오빠, 형제가 아니라도 잘 아는 사람이 관심과 배려를 가진다면 이웃사촌이란 말도 있다. 이웃의 10살 위 누나나 오빠가 어떤 마음으로 어떻게 관심을 가지느냐에 따라, 이웃에 사는 어린이도 학업 성취도이며 장래 희망이며 스스로 노력하려는 의지며 여러 가지, 아니 운명까지도 바꿀 수 있는 계기(契機)가 될 수 있을 것이다.

그러나 50세나 60세, 또는 70세, 80세일 때 나이 차이 10살은 별로 도움이 되지 않는다. 인생의 장년기, 노년기는 누가 먼저일지 모르는 인생의 끝자락이므로 알 것 다 알고 겪을 것 다 겪은 후라 이미 굳어진 머리가 변하기 어려우니 10년 차이는 별 의미가 없는 법이다.

어릴 때 10살 차이는 밝고 맑고 아름답고 훌륭한 길로 인도하는 끌어주고 당겨주는 인도자일 수 있다. 그런데 10살 연상인 설정(薛貞)의 오빠는 좋은 것 보여 주기보다 나쁜 것만 무수히 보여주는, 인생에 하등 도움이 되지 않는 방해자이다. 나쁜 것(곳, 짓)을 보여주며 무언의 공범자로 유도하는 자일 따름이다.

어릴 때

어릴 때 열 살 차
이는 선생과 학생으로 나눠진다.

어린 동생에게
열 살 위의 형이나 누나는
선생이요 아버지며 어머니며 형이요 누나이다.
좋은 것 물려줄 수 있고 나쁜 것 보여줄 수 있다.
형이나 누나가 어떻게 사느냐에 따라
밑의 동생들 일생이 달라진다.
생활 가운데서
유언 무언의 생활 태도를 보고 배운다.
말로 가르치려 들지 말고
부지런히 하고 열심히 하고 정직하며 절약하고 모든 일에 최선을 다하는
내 생활로 알게 하여라.
이게 먼저 난 사람의 도리이다.

이번 시골집 방문도 집에는 없었지만 그러한 오빠의 잘못된 모습을 적나라(赤裸裸)하게 보고 온 것이다. 그러니 어찌 괴롭지 않을 수 있을까? 철들 나이인데도 계속 대소변 가리지 못하고 칭얼대며 아무 데서나 일을 보는 이웃집 아이일지라도 생각하면 마음 아픈 법인데, 하물며 서른이 다된 오빠의 고치기 어려운 노름하는 버릇이며 일은 하지 않고 뜬구름을 쫓는 이러한 잘못된 생각은 결국엔 자기도 죽이고 가족 모두를 죽이는 중병임을 더더욱 모르는 것이 아니니 어찌 괴롭지 않을까? 이러한

집안일을 생각하면 답답해지며 불덩이가 목구멍으로 올라오는 것 같은 착각에 가슴은 쿵쿵 방망이질을 한다.

한방 친구는 설정(薛貞)이가 시골 갔다 오더니 무슨 일인지 말을 하지 않아서 알 수 없지만 분명 좋지 않은 일 때문에 고민하는 표정이 역력함을 느낀다. 자기도 마음이 요즘은 많이 꿀꿀하니 어디 가서 확 풀어버리면 기분 전환이라도 될 것 같다는 생각이 들었다. 친구에게 어디 가서 기분을 풀자며 자기가 좋은 곳으로 안내를 하겠다며 제안을 했다.

이참에 한방 친구는 언젠가 계획하였던 일을 실천에 옮기기로 마음먹었다. 자기가 아는 대학생 오빠에게 자기도 괜찮은 친구를 데리고 갈 터이니 오빠도 오빠 친구를 데리고 나오라고 해서 둘을 소개시켜주고 네 사람이 함께 놀 궁리를 했다.

자기는 그래도 사회생활에 어느 정도 익숙하다고 생각한다. 대학생 남자 친구도 있고 여기저기 다니다 보니 세상 물정을 좀 안다. 다방에 가보기도 하고 좋아하는 대학생 오빠 따라 나이트클럽에도 몇 번 갔다. 사복을 입고서는 산이나 들로 오빠 손잡고 간 일도 여러 번 있었다. 포장마차에서 소주도 여러 번 마셔봤다. 이것저것 다 알고 가릴 수 있다고 생각한다. 그런데 친구 설정(薛貞)이는 공부에 매달려 세상 물정에 대해서는 자기보다 한참 아래이다. 공부는 설정(薛貞)이가 훨씬 잘하지만 세상일이 어디 공부만 가지고 되는가 하면서 뒤처진 자신의 공부를 이런 생각으로 합리화하며 기회가 되면 한 번 이런 세상도 있다며 보여 주리라 마음먹었는데 지금 그런 찬스가 온 것이다. 자기의 계획을 미리 말하면 설정(薛貞)이는 일언지하에 거절할 게 분명하다. 일단 비밀에 부치고 혼자만 깜짝 이벤트를 준비한 것이다.

설정(薛貞)에게 친구는 약간은 깜깜한 곳에 불도 뻔쩍뻔쩍 깜박이고 전구가 뻔쩍뻔쩍 돌아가며 사람도 많고 남자와 여자가 섞여 서로 부딪치며 빙글빙글 돌며 춤추며 노는 곳이니 난장판으로 보일 것이라며 놀라지 말라며 먼저 겁부터 준다. 고등학생이 그런 곳에 가도 되느냐 하면서 거부의 몸짓을 보이지만

"야야! 설정(薛貞)아! 너나 나나 사복을 입으면 누구도 학생으로 보지 않는다."

라며 걱정하지 마라 한다.

친구 따라 누구는 강남 간다지만 강남은 못 가고 친구와 둘이서 나이트클럽이라는 곳에 갔다. 친구는 여러 번 이런 곳을 와본 경험이 있는 것 같았다. 홀 서빙(Serving)하는 총각이 시키지도 않았는데 맥주 두 병을 가져왔다. 친구는 잔 두 개를 가지런히 놓더니 병마개를 따고 두 잔을 동시에 가득 채우고는 하나는 자기 왼손에 들고 오른쪽 손에 다른 잔을 들고선 혼자서 서로 잔을 부딪치면서 건배했다. 그러고는 오른손에 든 잔을 설정(薛貞)에게 주면서 자기 잔을 기울여 마시면서 먹으라 권한다. 얼떨결에 잔을 받아 입으로 잔을 가져간다. 처음 맛을 본 술은 약간 씁쓸하다. 조금은 더운 날씨라서 그러한지

씁쓸한 맛이 차가움에 희석되어 전혀 못 먹을 정도는 아니다.

한 잔을 받아 마신 셈이다.

친구는 힐끔 설정(薛貞)을 쳐다보면서 히쭉 웃는다.

"얘 너 마시는 것 보니 전에 많이 먹어본 것 같다. 너 누구와 먹었니?"

하며 묻는다. 대답도 듣지 않고 제멋대로

"남자 친구하고 먹었지?"

말에도 악센트(Accent)와 굴곡을 넣어 빠르게 하면서 자기 몸까지 설정이 쪽으로 내밀어 형사가 죄인 심문하듯 다그친다.

친구는 아무 대답이 없는 설정(薛貞)을 두고 계면쩍어 피식 웃으며 홀 가운데로 나가 여럿 사람과 어울려 춤을 춘다.

멍하니 바라보는 자기에게 들어와 같이 춤을 추자며 손짓을 한다. 가만히 춤추는 친구를 바라본다. 보통 솜씨가 아닌 것 같다. 친구의 춤추는 모습을 누가 보더라도 전혀 학생으로 보지는 않을 것 같다. 한 성숙한 젊고 발랄한 여성으로 보인다. 자기는 친구보다 키도 크고 몸도 더 좋으니까 아마 저보다 훨씬 더 숙녀다울 것이란 생각이 든다. 한참을 기다려도 홀 가운데 나오지 않은 자기 때문인지 친구는 다시 자리에 돌아왔다.

계집애도 왔으면 기분 좋게 놀고 가야 본전을 뽑지 하면서 자기 손으로 한 잔을 가득 부어 쭉 들이켜고는 "커, 취한다." 한다. 입을 싹 닦으며 설정(薛貞)에게도 찰랑찰랑 술을 따라주며 또 먹으라고 권한다. 친구는 술은 권하는 맛에 먹는다며 어른 같은 흉내를 내면서 계속 잔을 들고 먹기를 권한다.

받아서 망설이다가 한 잔을 받아 쭉 마신다. 마신 잔을 탁자에 놓으니 급히 가져가서는 한 잔을 더 부어 단잔이 어디 있느냐며 또 한 잔을 권한다. 그러다 보니 연거푸 석 잔을 숨도 쉬지 않고 받아 마신 꼴이다. 약간의 시간이 지난 후에 내도 한 잔, 또 네도 한 잔하라면서 권하다 보니 각각 맥주 한 병가량 먹은 것 같다.

약간 술기운이 돈다. 기분이 묘하게도 무엇에 홀려 뱀이 허물을 벗듯 자기도 한 꺼풀 벗으며 허물어지는 느낌이다.

가면을 벗으면 본 얼굴이 보인다던가? 학생이지만 어떤 때는 마음의 벽을 확 허물고 본얼굴을 보이고 싶다. 아니, 본마음을 보이고 싶다. 누구라도 붙잡고 하소연하고 싶을 때도 있었다.

답답한 가슴을 확 열고 보셔요. 내 가슴이 내 마음이 이렇게 까맣게 타고 있잖습니까?

오빠의 일을 생각하면 더욱 아득해진다. 자신은 객지에 나와 있으니까 찾아가지 않으면 오빠를 만날 일조차 없다. 그러나 안 본다고 해서 걱정이 없어지지 않은 이유는 혈육이기도 하지만 무엇보다도 허리 한 번 펴지 못하고 요즘 논에서 고생고생하시는 어머니가 걱정되기 때문이다. 그렇게 일을 하면서도 내일을 기약할 수 없는 어머니의 아픔이 몸에 와닿기 때문이다. 오빠가 마음을 잡지 않는 한은 어머니의 고생은 언제 끝날 것인지 모르는 일이다. 이러한 상태로 계속 간다면 어머니가 돌아가셔야만 끝날 것 같은 생각에 가슴이 미어진다.

어머니만 생각하면 가슴이 답답해지고 속이 많이 상한다. 이래서 사람들은 술을 먹는가 보다. 그런데 이상하게도 오래전에 술을 먹어본 사람처럼 술이 술술 잘 넘어간다.

내 체질이 술 체질인가 생각될 정도로 맥주가 입에 당긴다. 홀 가운데로 나가 친구와 같이 춤을 추었다. 팔을 흔들고 다리를 흔들고 몸을 흔들고 머리를 흔들었다. 머리 위에서 빙글 돌아가며 뻔쩍이는 불빛과 사람의 얼굴들이 묘하게도 두 개로 겹쳐보였다. 웃는 듯 우는 듯 도깨비로 보였다 한다. 종래는 마음까지 흔들었다. 취한 기분이 어떤 것인지 알 것 같기도 하다.

리듬에 맞춰 일정한 격식을 갖춘 춤 동작은 아니다. 배운 일도 없고 춰본 일도 없었다. 혼자 마음대로 춤을 추었다. 다시 친구와 같이 숨을 헐떡이며 자리로 돌아왔다. 처음 먹어본 술, 그 이상한 기분에 자기의 주량도 모르면서 주는 대로 벌컥벌컥 물을 마시듯 마셨다. 시골집에서 눈물을 훔치며 코까지 훌쩍이며 울던 어머니의 모습과 자신의 슬픈 모습이 겹쳐 홀 가운데에 떠오르기도 하고 머릿속을 맴돌기도 한다.

고개를 절레절레 흔들었다. 이번에는 술을 먹은 것이 아니라 아예 퍼 넣었다 해야 할 것이다. 그러던 중에 웨이터(Waiter)가 다가와서 손으로 오른쪽을 가리키며 저기 괜찮은 남자들과 합석하지 않겠느냐며 묻는다. 아마 친선 사절로 온 모양이다. 오른쪽에 있는 테이블에 세 사람의 남자들이 이쪽을 바라보며, 그중 한 사람이 가볍게 손을 흔들며 웃는다. 친구는 올 사람이 있다면서 거절한다. 정말 따로 올 사람이 있는가 아니면 거절한 명분을 찾는 것인가 모르겠다. 이래저래 상관이 없다는 생각이다. 어차피 왔으니 기분 좋게 놀자, 이런 생각이다. 또 컵에 손이 간다. 몇 병을 먹었는지 모른다.

이젠 친구가 술잔을 빼앗는다. 먹으라고 권할 때는 언제이고 빼앗으면서 못 먹게 말리 것은 또 무엇인가? 그때 친구가 입구 쪽을 보며 팔을 흔들더니 대학생으로 보이는 남자 둘이 와 자리에 합석을 한다.

친구는 대학생 오빠라며 인사를 시킨다. 그리고 자기를 가리키며 한방에 같이 살지만 다른 이불을 덮고 자는 친구 설정(薛貞)이라 소개를 한다.

소개 받은 대학생이 무어라 자기소개를 하는데 잘 알아듣지 못하고 설정(薛貞)이가 흐느적이며 둘째 손가락을 세워 자기소개를 하는 대학생을 가리키며 혀 꼬부라진 소리로 꼭 기생오라비 같다며 희희 웃는다. 대학생은 당황한 듯하면서 머리를 숙이며 그래도 자기 이름을 끝까지 말한다. 설정(薛貞)은 인사를 하는 둥 마는 둥 또 주는 술을 받아 마셨다.

그러고서는 남학생의 팔을 잡고 홀 안으로 나가 춤을 춘다. 아니, 춤을 추는 것이 아니라 붙잡고 있다 해야 옳은 것이다. 남자 대학생은 아예 춤을 추는 것이 아니라 부축하고 있는 꼴이다. 부축을 받으며 자리로 돌아왔다.

남자들이 보기에도 아주 맛이 갔다 생각하는 모양이다. 친구가 옆의 대학생을 오빠 하며 부르며 남학생들에게 변명을 한다. 그런 와중에도 다시 술을 달라며 친구가 빼앗는 것을 뿌리치고 또 술을 마신다. 친구와 남자 둘은 설정(薛貞)을 혼자 두고 홀로 나가서 춤을 춘다. 혼자 남은 설정(薛貞)은 병을 끼고 앉았다. 이때부터 혼자 먹을 만큼 술을 먹은 것이다. 얼마 시간이 지난 후 머리를 테이블에 쿵하고 부딪치며 정신을 잃었다. 친구와 남자 둘이 테이블에 돌아보니 테이블에 머리를 대고 설정(薛貞)은 꿈적도 않는 것이다.

아침에 깨어보니 낯선 방 침대 위다. 놀라 후닥닥 옷매무새를 보니 어제 입은 그대로였다.

머리가 무지근하며 안면 부위가 두들겨 맞은 것같이 많이 부어오른 느낌이다. 고개를 흔들어 본다. 빈병 속에 들어 있는 물건이 흔들리듯 머릿속은 텅 빈 것같이 마구 흔들린다. 특별히 다른 변화는 없었다.

후유! 한숨을 쉰다.

순간 클럽에서 술을 마셨던 일들이 떠오른다. 담배 연기 자욱한 가운데 뻔적뻔적 돌아가는 불빛 속에서 많은 사람과 어울려 춤을 추었던 것까지는 기억이 나는데, 이리저리 부대껴 비틀하며 다른 사람의 발을 밟고서는 미안하다며 고개를 숙인 것까지 기억이 나는데, 한방 친구도 하얀 이를 드러내보이며 웃는 얼굴을 하고 빙글 돌며 같이 춤을 춘 것까지는 기억이 나는데 홀 안이 빙그르 돈 이후는 알 수 없었다.

일어나 방을 둘러보았다.

조그마한 방이지만 깨끗하고 침대가 벽에서 조금 띄어 놓여 있다. 고개를 들면 창문을 볼 수 있게 한 배치이다. 정면에 있는 동그란 시계는 11시 30분 가리킨다. 일어나려 하니 더욱 띵하니 머리가 아프고 창자가 뒤틀리듯 속이 쓰려왔다. 침대에 걸터앉아 바닥을 보며 이럴까 저럴까 생각 중에 아랫배에 무엇이 꽉 차 있는 느낌이 들더니 갑자기 소변이 마려워진다. 급하다. 화장실 문을 열고 들어갔다. 무엇을 확 뚫을 듯 내뻗는 물소리도 쏴— 요란하다. 시원하기는 하나 밑이 많이 아프고 무언가에 꽉 막힌 듯하고 심히 불편한 느낌과 함께 무척이나 따갑기도 하였다.

볼일을 다 보고 변기 위에 앉아 있으니 지난밤 일이 다시금 생각난다. 아물아물한 기억 속에 어떤 키가 큰 대학생으로 보이는 청년이 팔을 잡은 듯했었는데 거기서 더 이상 기억이 나지 않는다.

참으로 답답했다. 골똘히 생각해 보았다. 머릿속은 날갯짓하며 날아가던 잠자리가 거미줄에 걸려 엉켜버려 헤어나지 못하는 것 같다. 머리를 탁탁 쳐보아도 풀어지지 않는다. 방으로 나오면서 생각해본다. 처녀가, 더욱 여고 3학년생이 여관에서 잠을 잤다는 것은 평소에는 상상할 수도 없는 일이다.

몸은 지칠 대로 지쳐 있었다. 머리는 악마의 음성으로 그대로 여관방 침대에 누워 있으라 속삭인다. 그러나 마음은 그럴 수는 없었다.

여관 창문을 열고 가만히 밖을 내다본다. 열린 창문을 통하여 일그러진 바람이 쏴 들어와서는 얼굴을 때린다. 보나마나 얼굴도 심히 일그러져 있을 것이다.

어디쯤일까 유심히 살핀다. 나이트클럽과는 멀지 않은 곳이다. 저기 보이는 전봇대 서 있는 쪽 골목을 돌면 바로 나이트클럽인 것 같다. 가깝다.

아마 누가 팔을 부축하여 왔어도 너무 힘이 많이 들어 멀리 갈 수는 없었을 것이다.

창문을 소리 나지 않게 닫은 뒤 세수하는 것도 잊은 채 부끄러워서 두 손으로 고개 숙인 얼굴을 가리고 급히 여관을 빠져나왔다. 여관을 나올 때 아무도 제지하는 사람이 없는 것을 보니 여관비는 누가 지불한 모양이다.

집으로 돌아오는 시내버스 안에서 차창 밖으로 눈을 돌렸다. 창밖에 싱그러운 5월 중순의 햇볕은 하얀 얼굴을 하고 대지를 비추고 있다. 하늘에 뭉게구름은 어디로 가는지 분주하다. 한 무리 구름이 가고 나면 멀찍이 또한 뭉치의 구름이 뒤를 따른다. 잠깐 더 높은 하늘이 열리고 하늘은 고고한 자태를 드러내며 아래를 내려다보며 모든 살아 있는 사람들에게 메시지를 전하는 것 같다. 푸른 하늘이 말을 한다. 희망을 잃지 말라며, 꿈을 가지라며, 푸른 하늘을 올려다보며 높은 이상을 가지라며 넓은 가슴으로 안아주며 쓰다듬어 줄 것 같다. 그러다 스쳐 지나가는 건물 사이 차 창문 유리창에 자신의 얼굴이 비친다. 헝클어진 머리며 꾀죄죄한 모습의 자신을 본다. 어제와는 전혀 다르게 퍽이나 낯설게 느껴졌다. 부석부석한 얼굴 씻지도 않아서 그런지 평소에도 작지 않은 얼굴이란 생각이 들었는데 더 크게 보인다.

누가 여관비를 지불했을까? 친구가 팔을 잡고 와서 여관비를 지불하고 돌아간 것일까? 그러나 같이 자도 누구 하나 흉볼 일이 없는데 친구는 아닌 것 같다. 그럼 누구와 왔을까? 아무리 머리를 짜도 떠오르지 않아 이젠 상상력을 발휘해 보지만 도통 알 수 없다.

버스 정류장에 내려 일부러 느릿느릿한 걸음으로 자취방을 향해 걸었다. 평소에는 정류소에서 집까지 조금 멀다 싶었다. 비나 눈이 온 뒤에는 바지나 치마를 젖게 하지 않으려고 조심성 있게 걷다 보면 한참이나 걷는 길이었는데 오늘은 이 생각 저 생각 중에 눈을 떠 앞을 보니 언제 왔느냐 싶게 자취집 대문 앞이다.

무척이나 가깝다 느끼면서 혹 주인아주머니가 보시고 물으면 무어라 대답할까 걱정하며 대문 가까이 다가갔다. 발소리를 죽였지만 인기척에 멍멍 개 짖는 소리가 담 넘어 들려왔다. 대문을 열고 마당에 들어선다. 주인집에는 아무도 보이지 않고 목이 줄에 묶여 자유를 잃은 개는 짖다 말고 반갑다고 꼬리를 흔든다. 문간방에 살며 오늘따라 헝클어진 머리며 꾀죄죄한 모습이긴 하지만 그래도 개는 아침저녁 지나다니며 쓰다듬기도 하고 머리를 긁어주기도 하니 밉지 않은 모양이다. 가까이 다가가 머리를 두어 번 문질러 주고는 대문 옆 자취방으로 가서 문을 열고 방 안으로 기어가듯 들어가 윗목에 개어놓은 이불을 당겨 베개에 이마를 묻고 그대로 팔을 벌리고 안는 듯 드러누웠다.

집에 들어올 때는 친구도 어젯밤에 술을 많이 먹었으니 지금까지 방구석에 누워 뒹굴지 않을까 생각했었는데 없다. 자기같이 들어오지 않고 어디 다른 곳에서 잠을 잔 모양이다.

"아니면 어젯밤에 들어왔다 아침에 어딜 나갔나?"

혼자 중얼거린다.

종잡을 수가 없다. 머리가 무겁고 많이 흔들려 텅 빈 골이 생각을 막는다. 팔다리는 무겁고 피곤하고 속은 더부룩하여 온몸이 뒤틀린다.

왜 술을 먹었는지 후회가 된다. 한참 시간이 지나고 나서 주인집 아주머니가 들어오시는 소리가 들린다. 아주머니는 마당에서

"학생 있어?"

하신다.

"예, 시장 다녀오세요."

하고 대답을 한다.

주인아주머니는 아무 말씀하시지 않고 안집 방문을 여는 소리가 들린다. 다시 몸을 뒤척이며 바로 눕는다. 연꽃 무늬의 천장이 빙그르 돌며 아래로 내려앉는 것 같은 착각이 든다. 연꽃 무늬가 사람 얼굴이 되더니 "야, 이 바보야!" 하는 것 같았다.

천장에 어머니의 걱정스러운 얼굴도 보인다. 왜 철딱서니 없이 술을 그렇게 먹었나 꾸짖음보다 걱정 하시는 모습에 마음이 아프다. 옆에 계셔서 불호령이라도 내려 주시면 속이라도 시원할 것인데 오만 가지 생각이 겹친다.

그렇게 오래 누워 있었다.

아마 저녁때인 모양이다. 안집 방문 소리가 나더니 주인집 아주머니가 방문 앞까지 오셔서 한방 친구가 시골에 있다면서 늦게 오니 기다리지 말라고 전화 왔다고, 밥 짓지 않느냐 하는 것이다. 다시 "예." 대답을 하고는 깊은 잠 속으로 빠져들었다.

잠에서 깨어나 시계를 보니 밤 12시를 가리킨다. 친구는 아직도 오지 않았다. 늦게 온다 했지만 모처럼 시골에 갔으니 자고 아침에 올 수 있겠다 생각을 하고 낮에 입었던 옷을 갈아입고 거울 앞에 서서 자신의 얼굴을 본다. 부석부석 부은 얼굴에다 길게 엎드려 잔 자국이 여럿 보였다. 여러 곳에 줄이 파인 삶은 어제저녁에 조금 맛만 보고 먹다 놓아둔 둥근 감자 같다는 말이 떠올랐다. 그런 와중에도 피식 웃음이 난다. 속이 없는 걸까? 아니면 어느 한구석 모자라는 것일까? 이럴 때 웃음이 나다니 한심한 생각이 든다. 어제저녁에서부터 오늘 저녁까지 하루해가 어떻게 지나갔는지 모르겠다.

머릿속이 멍해지며 자신이 감당키 어려운 무슨 큰 사건이 지난 후 같다는 생각이 든다.

갑자기 오래전에 읽은 전쟁 소설이 생각난다. 피아(彼我)간에 서로 총을 쏘며 죽이고 죽고 하던 긴 시간들이 지나고 잠시 싸움을 멈춘 전쟁터에서 옆에 죽어간 동료를 바라보면서 나도 가까운 날에 저 모습이 되는 것은 아닌지 하는 한 젊은 병사의 절망적인 모습을 있는 그대로 느낀 그대로 적은 글을 본 기억이 갑자기 떠오른다.

모골 송연한 이 생각은 먼 후일 일어날 일을 예언하는 것은 아니었는지? 어쩌면 목숨보다 더 귀한 그 무엇을 잃어버리는 전조(前兆)가 아니길 바라는 마음이다.

아무것도 먹지 않고 누워 잠을 청했으나 잠은 오지 않는다. 이 생각 저 생각 뒤척였다. 두어 시간 지났다. 안집 마루에 걸려 있는 괘종시계가 땡땡땡 3번을 친다. 밤도 어지간히 깊어간다. 그러고도 한참을 잠들 수 없었다. 오월 중순의 밤공기는 싱그럽다. 멀지 않은 곳에서 우는 이름 모를 풀벌레 소리가 들린다.

방문을 열고 밖으로 나온다. 하늘에 별은 보이지 않고 큰 별 몇 개만 밤임을 알려주는 것 같다. 시골의 밤하늘엔 별이 쏟아질 듯 많은 데다 유성이 되어 흐르는 별을 삽살개는 쫓아가며 짖기도 하는데 지금의 밤은 겨우 낮과 구분하는 정도로 몇 개의 별이 전부이다. 시골의 밤하늘은 따닥따닥 붙은 도회의 집들같이 무수한 별들의 도시이고, 도회의 밤은 한참을 가도 띄엄띄엄 한두 집뿐인 별들의 시골이다.

별의별 생각을 다한다. 다시 주인집 마루의 시계가 땡땡땡땡 네 번을 친다. 하는 수 없이 내일을 위해서 방으로 들었다. 누워서도 잠은 오지 않는다. 이러다 밤을 새우는 것은 아닌지 생각한다. 잠을 자야지 하면서 한 번 더 심호흡을 하고 잠을 청한다.

어느 순간 잠이 들었다. 깊은 산속이었다. 큰 나무들이 사방으로 줄 서 있고 잔디가 깔린 둥근 한 작은 공터 중앙에는 벌거벗은 두 사내아이가 흰 보자기가 깔린 광주리 안에 담겨져 있다. 누운 한 아이가 조그마한 손으로 오라는 손짓인지 가라는 손짓인지 계속 아래위로 손을 움직인다. 오라는 손짓도 계속하면 가라는 손짓도 되고 가라는 손짓도 계속하면 오라는 손짓도 된다. 처음 보았을 때 정확해야지만 오라는지 가라는지 구분할 수 있다. 꽃과 풀이 어우러져 아이 둘을 감싸고 멀리 나무와 나무 사이 짙은 안개가 시야를 흐려놓았다. 저 멀리 불빛 같기도 하고 무서운 산 짐승의 눈빛 같기도 한 빛이 보였다. 이를 어쩌지 잘못하면 저 아이 둘은 산짐승이 달려들어 죽을 수도 있겠다. 화들짝 놀라서 구하려 달려가려는 듯 다리를 움칠 뻗으면서 “악!” 소리까지 질렀다. 그러나 아이 둘은 온데간데없다. 가만히 보니 종류를 알 수 없는 두 마리 새가 날갯짓하며 푸른 하늘 저 멀리 구름 속으로 사라졌다.

깨어보니 꿈이었다. 꿈치고는 참 이상한 꿈이었다. 잠들기 전에 책에서 읽은 전쟁터에서 죽어간 전우들의 모습을 그린 장면을 연상하며 나도 죽으면 저렇게 될 것이라 불길한 장면이 연상되더니만 잠자는 동안에 요상한 꿈마저 꾸었다.

지금까지 낮에는 공장에서 일하며 일에 시달리고 밤에는 늦게까지 공부하느라 잠들면 파김치가 되어 누가 업어 가도 모를 정도였다. 또 어떤 때는 고단하여 씻지도 못하고 잠이 드는 경우도 가끔 있었다. 그래서 꿈같은 것은 꾸지 않았다. 그래서 어떤 때는 나도 나의 미래를 예언하는 꿈을 한 번쯤 꿀 수 없을까 생각했다. 언젠가 친구들은 꿈이야기를 하면서 오늘 좋은 일 있을 것이라면서 즐거워하는 경우가 종종 있는데 자기는 언제나 자고 일어나도 민숭민숭했다. 정서가 부족한가, 아니 모자라는 것은 아닌가? 자기 자신이 너무 건조하고 매몰찬 성격이기 때문은 아닐까 걱정 아닌 걱정을 할 때도 있었다.

이게 무슨 조화인지 지난밤 생각도 못한 외박 이후이니 더욱더 황당했다. 걱정되니 꿈마저 꾸는가 보다. 이는 규칙적이지 못하고 빗나간 생활에 대한 경고의 의미가 담긴 것으로 이 꿈에 대한 기억은 오랜 시간 동안 뇌리에서 떠나지 않을 것 같은 것은 불길하고 기이한 예감이 들었다. 여고생의 하룻밤 외박에 대한 철저한 가르침이란 생각마저 든다.

보통 산업체 특별학급 학생들은 2학년까지는 기숙사에서 숙식을 한다. 3학년이 되면 보통 마음이 통하는 친구들끼리 둘 내지 셋씩 짝을 지어 회사 인근이나 좀 멀더라도 통근버스를 타기가 쉬운 곳으로 방을 얻어 자취를 한다. 엄한 기숙사 규율을 지키다 보면 자기 생활이 줄어들고 또 자기 나름대로 발전을 위해 무엇을 하려 해도 매여 쉽지 않으니 자취를 하는 학생이 의외로 많은 것은 어쩌면 자연스러운 일인지도 모른다.

설정(薛貞)이도 3학년 올라가 얼마 되지 않아서 단짝 친구와 함께 회사에서 멀지 않은 곳에 방을 얻었다. 통근버스 타기 가까운 곳, 그리고 타면 자리에 앉을 수 있는 곳에 방을 얻어 자취 생활을 시작한 것이다. 그렇게 멀지 않은 곳이고 언제나 버스를 타면 좌석에 앉을 수 있으니 더욱 좋다. 책을 마음 놓고 볼 수 있는 편리함 때문이다. 주간에 일을 해야 해서 쫓기기도 하고 학교 수업에 지치기도 하지만 없는 시간을 쪼개서라도 공부를 해야 하는 야간부 학생들에게는 건물도 짓지 못하는 자투리땅같이 회사를 오가는 쓸모없는 시간도 귀히 여기고 소중히 사용해야 했다. 돈은 전혀 들지 않지만 무시할 수 없는 자기 발전에 대한 투자이기 때문이다. 갈 때 30분, 올 때 30분을 합하면 하루에 투자할 수 있는 시간이 1시간이나 된다. 한 달 25일 근무한다 치고 하루 1시간이면 25시간이나 된다. 꼬박 하루를 공부하고도 1시간이 남는 계산이다. 모아놓고 보니 어마어마한 시간이다. 또 자취를 하면서 밥을 짓고 반찬을 만들고 살림을 하는 것 자체가 미래를 위한 투자일 것이다. 자취생들이 여러 가지 요리를 해보는 것 또한 실전에서 실력을 발휘할 수 있는 좋은 공부 시간이며 아무도 간섭하지 않은 실력 향상의 시간이기 때문이다. 예를 들면 오늘은 무슨 요리, 내일은 또 다른 요리, 이렇게 날짜마다 정해진 요리로 식사를 준비한다면 요리에 대한 공부도 충분히 할 수 있을 것이다. 물론 이렇게 하면 음식을 장만하는 데 비용이 무척 들지 않겠느냐 하는 의문도 생기지만 남은 반찬이나 밥을 가지고 재활용하는 것이 어찌 음식에만 없겠는가? 이런 고민을 어떻게 푸느냐는 방법에 달려 있다 생각된다. 또 일요일이나 토요일 등 휴식이 필요한 날들을 모아 또 나름의 여러 가지 계획을 가진다면 그것에서 오는 유익한 프로그램(Program) 또한 있을 것이다. 기숙사를 나오기 전에 이런 여러 가지를 말씀드리며 사감님에게 상의를 드렸다.

사감님은 초급 대학을 졸업하시고 초등학교에서 어린아이들을 가르치며 5년간 교직에 계시다 결혼과 함께 직장을 그만두시고 전업주부의 삶을 사셨다. 남편은 어떤 종합상사 무역부에 근무하시는 엘리트 사원으로 교통사고로 돌아가셨다. 친정에 돌아와 딸 하나를 키우며 사시다, 기숙사 사감으로 천직인 교육과 관계되는 일자리를 구하여 기쁜 마음으로 근무하신 지 수년째이다.

길지 않은 5여 년의 교직 생활 동안 어린이들을 좋아하시고 언제나 사랑으로 식지 않은 열정으로 훈육하시는 이 시대 스승의 대표라 말할 수 있을 정도로 짧은 기간이지만 모범적인 교육자 생활을 하셨다. 특히 시골에서 온 아이들을 무척 측은히 여기시며 혼신의 노력으로 바른길을 가도록 최선을 다하시니 기숙사 사감이지만 모두가 선생님으로 생각했다. 야간 중학에 다니는 시골에서 온 여학생이 대다수이므로 선생님 같은 사감으로서 사내서도 존경을 받으시는 분이기 때문이다.

사감님께서는 설정(薛貞) 학생이 기숙사 생활 중 말하는 것이며 행동거지(行動擧止)를 마음에 들어 하셨다. 온순하고 야무지며 학급에서는 언제나 일등을 놓친 적이 없는 학생이기도 하지만 모든 일에 솔선수범하며 반장으로서 자기 몸을 아끼지 않고 봉사하는 점을 높이 산 것이다.

하루는 사감님이 기숙사를 돌아보시다가 어떤 방에서 물건이 없어졌다면서 서로 다투는 모습을 보셨다. 저들이 어떻게 서로 마음의 상처 없이 처리하는가 유심히 보고 계셨다. 그때 한 학생이 그 방으로 들어가더니 조금 이따가 모두가 웃으며 함께 방을 나온다. 어찌된 일인가 생각하며 나중에 알아보았더니 설정(薛貞) 학생이 마침 잃어버렸다는 것과 똑같은 것을 자기가 갖고 있어서 그것을 가지고 가 보이며 내가 잠깐 가지고 가면서 쪽지를 써 놓고 갔었는데 바람에 날려 그 쪽지를 보지 못해 오해가 생긴 것이라며 무마한 것이다. 그리하여 정말 가져간 친구에게는 후에 전후 사정을 얘기하게 하고 잘못을 뉘우치도록 한 것을 알고 더욱 신뢰를 보내셨다.

그런 학생이 자취를 하겠다며 기숙사를 나가려 하니 말리는 것은 어쩌면 사감으로서는 당연한 일이다. 더욱이 기숙사에 있으면서 자신을 여러 가지로 도와주기도 하였고 앞으로도 도울 수 있기도 하지만 그보다는 나가는 것은 어쩌면 좋은 것보다 나쁜 것이 더 많다 생각하니 선뜻 좋다 할 수도 없었다. 여러 가지 사회상을 얘기하시며 기숙사가 네 집이라면 자취하는 집은 여관이나 여인숙과 다름없다면서 장단점을 말씀하시며 졸업하면 그땐 싫어도 기숙사를 나가야 하는 만큼 일 년만 참으라며 간곡히 있기를 권했지만 한 번 결심한 마음을 되돌리는 것은 그리 쉽지가 않았다.

사감님의 만류를 뿌리치고 방을 얻어 나갔다. 간곡한 설득에도 기어이 나간다는 말에 그동안 사랑하며 귀여워하며 여러 가지로 마음을 쓴 게 섭섭하기도 하지만 사감님은 서운한 표정 없이 혹 어려울 때는 언제든지 찾아와 상의하라며 등을 두드려주었다. 그리고 일요일에 길을 물어 한 뭉치의 휴지를 사서 손수 들고 방문을 오셔서 주인아주머니를 뵙고 이 학생의 기숙사에 있으면서의 행동거지를 말씀드리면서 자기 자식같이 여러 가지 간곡한 부탁의 말씀을 드리고 가셨다. 이제까지 다른 어떤 학생들에게도 한 번도 없었던 일이며 그만큼 학생의 사람됨을 믿고 학생을 사랑하고 기대하셨다는 증거이다.

그런 일이 있어서 그런 것만은 아니지만 그 후 설정(薛貞)이도 자주 기숙사를 찾아가서 사감님과 사내 식당에서 식사하면서 여러 가지 애로사항을 말씀드리고 좋은 답을 귀담아 듣고 생활에 적용하는 등 실질적인 인간관계가 사감과 사생(舍生)이 아니고 어머니와 딸 같은 관계로 발전하였다.

아침에 깨어보니 엊그저께 자신에게 일어났던 일은 한갓 꿈만 같았다. 꿈도 아주 생각하기조차 싫은, 하루빨리 잊어버려야만 하는 악몽인 것이다. 그러나 꿈이기에는 너무 생생하고 또렷했다. 또 몸을 씻고 또 씻어도 없어지지 않는 몸에 새긴 화인(火印) 같은 것이다.

아침이 되어도 친구는 오지 않았다. 아마 회사로 바로 출근하는 모양이다. 전에도 자취 생활한 지도 얼마 되지 않았는데도 두어 번 시내 볼일 있어 나가서는 시골집에 간다면서 기다리지 말라 하고 이튿날 바로 회사로 출근하는 경우가 있었다. 한방 친구는 바로 인근에 있는 농촌 출신으로 버스로 1시간 정도 걸리는 시골에 집이 있지만 통근시간이 길어 자취를 하는, 어쩌면 부모 곁을 떠나 자유스런 몸으로 살고 싶기 때문에 자취하는 학생이다.

아침밥은 넘어가지 않았다. 시골 살 적, 여름철에 밥이 먹기 싫을 때 보리밥을 물에 말아 풋고추에 된장을 찍어 맛있게 먹던 기억이 되살아나 부엌에 가서 된장을 가져와 수돗물에 말아 두어 숟갈 밀어 넣었으나 입이 껄끄럽고 속이 더부룩해서 잘 넘어가지 않았다. 먹는 둥 마는 둥하고 수저를 놓고 상에

보를 덮고 윗목에 밀어 놓았다(평소에는 철저히 당번을 정해 설거지한다).

대충 양치질을 하고 버스를 타려 문을 열고 마당으로 나왔다. 평소 같으면 5월 아침의 엷고 싱그러운 바람을 가슴 가득 마시며 두 팔을 활짝 펴며 심호흡을 할 것인데 오늘 아침에는 도저히 그런 기분이 나지 않았다. 지금쯤이면 시골에는 보리가 많이 자라 물결이 된 푸른 보리밭이 밀려오는 파도같이 출렁일 것이다.

시골 갔다 온 후로 많은 시간이 지났는데도 오빠에게는 소식도 없다. 그렇다고 동장님으로부터 무슨 소식이 있는 것도 아니니 아직까지 오빠는 시골에 한 번도 오시지 않았는가 보다. 궁금했지만 동장님께 여쭈어 보기도 그렇고 오빠가 오시면 회사로 한 번쯤은 찾아오겠지 하면서 기다려도 아직까지 소식이 없다.

갑자기 오빠 생각이 나는 것도 어제저녁 그런 잘못으로 후일 무슨 일이 일어나면 어떻게 해야지 하는 자기 본능에서였다. 혈육이라고는 하나밖에 없는 오빠가 자기에게 아무 도움이 되지는 않지만 없는 것보다 있는 것이 낫다는 생각에서인지 알다가도 모르는 일이다.

버스 타는 곳으로 천천히 걸어가면서 이런저런 많은 생각들이 들어왔다 나갔다 머리를 어지럽힌다. 어저께 밤에 무슨 일이 있었던가 도무지 종잡을 수 없다. 혼자서 여관은 갈 수 없을 것이고 그렇다면 누구와 어떻게 갔었는지 아무리 생각해도 기억나지 않는다. 누구의 부축을 받은 것 같은데 모르겠다.

많은 생각을 하다 보니 언제 왔는지 버스 정류소에 도착했다. 이곳에서는 매일 아침 대여섯 명이 버스를 탄다. 버스를 타면 자리는 항상 일고여덟 자리는 비어 있다. 한곳을 찾아 앉으면 회사까지는 한 30여 분 걸려 도착한다. 조금 기다렸다. 언제나 만나는 나이 많으신 사무실에 고문으로 계시는 김 선생님을 비롯하여 다른 생산과 주임이며 여럿 왔다. 서로 가볍게 인사를 한 후 회사 이야기며 시중에 일어나는 여러 가지들을 애기하는 중에 버스가 도착했다.

설정(薛貞)은 버스에 오르면 언제나 기사 아저씨와 눈을 맞추면서 웃으며 고개를 숙인다. 그리고 기사님을 보면서 "좋은 아침입니다. 좋은 하루 되세요." 하고 인사를 드린다. 그런데 오늘은 목례만 하고 자리를 찾아가서 앉았다. 운전기사 아저씨는 무슨 기분 나쁜 일 있었는가 말씀은 않으시지만 왜 그냥 타지 하는 얼굴을 하시는 것 같다. 매일 아침 듣던 그 구슬 같은 음성으로 좋은 아침입니다 하는 소리는 하루 일을 시작하는 데 활력소가 된다는 말씀을 해주셨다.

어느 날 점심시간에 시골에서 친구가 면회 왔다며 정문에서 사무실로 전화가 왔다. 정문 옆 매점에서 기다린다는 전갈에 친구를 만나려 매점에 갔다. 버스 기사님을 우연히 매점에서 만났더니 하시는 말씀이

"학생! 친구 면회 왔어?"

하시면서

"학생! 버스 탈 때마다 '좋은 아침입니다. 좋은 하루 되세요' 하는 인사 참 고마워요."

하신다. 덧붙여서 자기를 보시면서

"학생."

다시 부르신다. 아저씨를 향해 웃으며 고개를 돌린다.

"아침마다 듣는 인사지만 '좋은 아침입니다. 좋은 하루 되세요' 하는 인사는 하루 일과에 정말 활력소가 된다."

하셨다. 그리고 웃으시면서

"친구 만나고 올라가."

하시고는 피로 회복에 좋다는 음료수 두 병을 사 둘 앉은 테이블에 위에 놓고 나가신다.

아저씨의 칭찬 아닌 칭찬에 얼굴을 붉혔던 일이 기억난다. 그때 생각했다. 남에게 하는(드리는) 좋은 말(씀)은 이렇게 활력소가 되기도 하고 그렇지 못하고 아무렇게나 던지는 말은, 아니 마음이 꼬여 하는 말은 남에게 상처를 주기도 한다. 돌이나 칼이 되기도 하며 다치게도 한다. 무심코 아이가 던지는 돌에 맞은 개구리는 죽는다는 말도 있는 것같이 가볍게 지나가는 말이라도 서로에게 도움이 되는 말을 하는 습관을 가져야 하겠다는 생각을 가진다. 기사 아저씨가 별것 아닌 아침 인사에 저렇게 활력소라고까지 말씀해주시니 다른 사람을 만나더라도 고운 말 아름다운 말을 써야지 다짐하기도 했다.

여느 때 같으면 책을 펴서 어제 배운 과목이나 오늘 배울 것을 복습 아니면 예습을 하는데 오늘은 통 그럴 기분이 아니다. 창문에 머리를 기대고 지그시 눈을 감았다. 흔들리는 차 속에서도 생각은 나래가 되었다. 아침에 도둑고양이처럼 얼굴을 가리고 몰래 빠져나온 그 여관이 눈에 선명하게 보인다.

고개를 저어본다. 왜 어떻게 여관을 간 걸까 도무지 알 수 없다. 혼자 비틀비틀하면서 찾아갔을 리는 없고 친구가 데려다 주고 그냥 간 걸까? 아마 그런가 보다. 내가 술이 취하여 정신이 없으니까 같이 간 것일 거야. 그렇다면 왜 나를 혼자 두고 어딜 간 걸까? 아니, 함께 갔다면 자취 집으로 갈 것이지 왜 여관을 갔을까? 혹 통금 시간이 지났기 때문은 아닐까? 의문의 연속이다.

저 혼자 밤에 시골집에 갔을 리는 더더욱 없고 아무래도 모르겠다. 출근해서 만나 보면 무슨 얘기든 하겠지 하며 이리도 생각해 보고 저리도 생각해 보는 동안 회사에 도착했다.

2층 작업장으로 올라갔다. 여기저기 둘러보았다. 아직 친구는 출근하지 않았다. 오늘 할 작업 물량을 재단해 가져와 앞 열 작업대에 올려놓았다. 그리고 정리 정돈 상태를 챙겨본다. 혹 작업에 장애되는 것은 없는지 점검한 후 사무실에서 과장님이 주재하시는 생산 회의에 참석하고 8시 정각에 작업 시작하는 벨 소리와 함께 자리로 돌아와 친구가 일하는 쪽으로 고개를 돌린다. 친구와 눈이 마주치자 친구는 한 손을 가슴 앞에 올리고는 나를 보고 다른 한 손은 흔들며 두 눈을 감았다 뜬다. 출근했다는 신호인지 아니면 다른 일 없다는 뜻인지 아니면 다른 무슨 내가 알지 못하는 또 다른 무엇이 있는지 모를 신호를 한다.

조장이면서도 다른 조원과 같이 재봉틀을 밟아야 한다. 같은 일을 하면서 작업량이나 순서를 체크하고, 모자란 부분을 보충하고 재단 및 완성부와 연결하는 작업, 그리고 조원들을 관리하는 일을 한다. 결과적으로 다른 작업자들보다 한두 가지 일을 더 하는 셈이다. 결근하는 작업자가 생기면 그 일까지도 시간을 내야 한다.

일이 시작되면 쉴 새가 없다. 작업할 물량은 앞공정에서부터 뒷공정으로 끊어지지 않고 계속 넘어오기 때문에 쉴 짬이 없다. 한 사람이 느리면 그만큼 전체가 느려지기 때문에 게으름을 피울 수가 없다. 한 사람의 게으름이 전체 조원에게 영향을 미치기 때문이다. 그러니까 일손이 느린 작업원은 쉬는 시간까지도 일을 해야 한다. 그래야만 일을 잘하는 사람과 보조를 맞출 수가 있다.

일이 서툰 작업원은 항시 마지막 공정에 배치한다. 마지막 공정은 일이 밀리더라도 끝난 후에도 할 수 있고 쌓여도 뒷작업자에게 지장을 주는 일이 아니기 때문이다. 계속 따라가지 못한 작업자는 하지 말라 해도 본인이 솔선하여 작업을 하는 경우도 있다. 다른 작업자에게 눈총 맞지 않기 위해서다. 일부러 눈총을 주는 동료들은 없지만 계속 뒤처지다 보면 알게 모르게 자격지심에 마음 아파하기도 하는가 보다. 그러다 보면 누가 시키지 않아도 점심시간을 이용하거나 늦게까지 일을 하는 경우도 흔히 볼 수 있다.

가장 빨리 그리고 완벽하게 일하는 숙련자를 제일 앞자리에 앉힌다. 처음 시작부터 빨리 정확히 일을 시작해야만 작업 능률이 오르기 때문이다.

점심시간을 알리는 벨 소리에 작업하던 원단을 마무리하고 다시 작업해야 할 원단을 끼워 넣은 다음, 작업 시작하면 바로 일을 할 수 있도록 재봉틀의 발을 들어 원단을 넣고 바늘을 꽂아 두고 일어난다.

한방 친구가 쪼르르 달려왔다. 아무 말 없이 나란히 어깨를 맞대고 언제나 같은 모습으로 손을 잡고 식당을 향해 발걸음을 옮긴다.

친구가 먼저 입을 연다.

"정(貞)아! 지난밤에 아무 일 없었니?"

하며 어깨를 밀치며 묻는다. 꼭 무슨 일이 일어나야만 하는 것처럼 들린다.

"얘는 무슨 말을 그렇게 하니? 꼭 무슨 일 있어야 된다는 말처럼 들리는구나."

"아니, 그런 뜻은 아니고 말이야. 너 말이다. 너무 취해 너를 업고서라도 집까지 데려다주라 했는데."

하면서 나에게로 시선을 돌린다. 무엇을 알려는 눈빛이다.

"혹 너를 다른 곳으로 데려갔는가 싶어서."

슬쩍 나의 눈치를 본다. 아무 말이 없자 다시 친구가 말을 한다.

"아니면 됐고. 그날 내가 잘 아는 오빠들을 만났잖아. 네게도 소개시켜도 주고 맥주잔을 들고 같이 건배도 하고 넷이서 홀 중앙으로 나가 함께 춤을 주기도 하고 둘만 홀 중앙에 남아서 춤도 추고 했잖아. 둘이 참 잘 어울리더라. 내 옆의 오빠는 둘이 나가 춤을 출 때 손뼉도 쳤다. 얘, 너를 데려다주라고 부탁한 내 죄도 있고 해서 어찌나 걱정이 되던지…. 입 닫아만 두지 말고 말 좀 해라."

내가 말할 틈도 주지 않고 일 절부터 오 절까지 단숨에 해버린다.

"얘, 언제 내가 말할 기회를 주기나 했니?"

"참 그랬었나?"

그제야 안심이 되는지

"아무 일 없었지, 그치?"

하고는 무엇을 생각하며 확인이라도 하는 것같이 아무 말 없이 땅만 보고 걷는다. 그러고서는 내가 취해서 자기 말대로 대학생 오빠에게 부축 받으며 나갔을 때 자기는 멍하니 보고만 있었는지, 본인이 나가고 난 뒤는 무얼 했으며 또 어디에서 잠을 잤는지 아무 말도 없다.

도둑이 제 발 저린다 하더니 무슨 말 못할 사정이 있는 것은 아닐까? 나를 그 오빠라는 대학생이 집까지 바래다준 것으로 생각하는 모양이다.

그러고 보니 남자 둘 합석한 기억이 어렴풋이 생각이 난다. 하나는 좀 뚱뚱하지만 밉지 않은 얼굴이고 내 옆에 앉은 남자는 희멀끔한 얼굴을 한 것 같다. 그래서 내가 둘째 손가락으로 턱 가까이 가리키며 혀 꼬부라진 소리로 이 오빠는 꼭 기생오라비 같다면서 킥킥거리고 웃던 기억이 난다.

오늘 아침까지도 아무리 생각해도 나지 않던 기억이 친구 한마디 말에 되살아난다.

"너를 부축해서 데려다준다기에 얼씨구나 좋다 잘 되었다 싶어 나는 다른 약속도 있고 해서 '그렇게 해주신다면 고맙지요.' 하면서 '불감청(不敢請)이언정 고소원(固所願)이로소이다.' 라는 문자를 쓰며 내가 절까지 했다. '마님을 잘 모시고 가십시오.' 하면서 말이다."

그리고 키득키득 웃으면서 다시 한 번

"얘, 아무 일 없었다니 다행이다."

라면서 또 한 번 의미심장한 웃음을 입가에 머금고는 누가 들으라는 듯 같은 말을 반복한다.

"얘, 그 학생 아버지 부자다."

하면서 깡충깡충 뛰면서 뭐가 그리 기쁜지 웃으며 쏜살같이 식당을 향해 내달리는 것이다.

어안이 벙벙했다. 그러고 보니 사전에 그 남학생들과 모종의 약속이 있었던 것이다.

둘이서 여러 번 춤을 추고 테이블에 돌아와 주거니 받거니 하며 술을 먹을 때 친구는 자주 시계를 보았다. "누구 올 사람 있니?" 하면서 "그럼 나는 갈게." 하고 일어서자 웃으면서 "아니야, 그런 게 아니고." 하면서 나를 다시 붙잡고 자리에 앉게 했다. 그러고 "야, 술이나 먹자." 하면서 컵을 들고 부딪치는 것이다. 아마 그때부터 나는 반쯤 취하였으며, 시골에서 어머니가 콧물까지 흘리며 우시던 슬픈 모습이 떠올라 속도 많이 상하고 오빠의 비뚤어진 생활 태도가 마음에 들지 않아 벌컥벌컥 또 물 먹듯 술을 마셨다.

궁금증은 속 시원하게 풀렸다만 몸을 가누지 못한 나를 여관까지 데리고 가서 아무도 없는 단둘뿐인 방인데 그냥 성인(聖人)처럼, 아니면 가톨릭 신부님처럼 손 하나 까딱 않고 갔을까? 그럴 수 있겠다는 생각이 든다.

침을 질질 흘리며 제멋대로 풀어헤친 머리며 입가에 더덕더덕 먹다 만 음식 찌꺼기며 눈곱이 낀 거며 입을 하 벌린 몰골이며 고개를 비틀고 누워 있는 꼴 생각만 해도 모골이 송연하다. 평소에는 없는 버릇이지만 혹 이라도 갈았다면 이런 상판을 생각만 해도 역겨운데 더욱이 대학생이 무슨 다른 생각이 있었을까?

아랫도리에 커다랗게 꿈틀대던 빗나간 욕망도, 어느 한때

하찮은 친구들과의 어울림에서 함께 섭렵했던 놀이 같던 허튼 수작도 고운 옷차림에 향수라도 뿌려 코끝을 자극해야지만 실탄이라도 발사할 마음이 생기지 않을까? 더욱 대학생이라면 그 정도 인품은 가졌어야 되는 것이 아닐까? 혼자 단정하면서 술 취해 누워 있는 꼴 보니 정나미 뚝 떨어졌겠지. 암 그렇고 말고. 혼자 아무 흥미를 느끼지 못한 것이다. 자문자답해본다.

아침에 일어나 보니 옷도 입은 그대로였고 몸에 아무 이상도 없었다. 단지 소변을 볼 때 꽉 찬 것을 마구 쏟아내는 시원한 느낌이 있었지만…. 무엇인지는 모르지만 심히 꽉 막힌 것 같은 불편함과 함께 밑이 많이 아팠고 따가웠던 기억이 난다.

아무 일 없었던 게야. 세상 사람이 다 나쁜 것만 아닌 것같이 나를 데려다준 그 남학생도 분명 좋은 착한 훌륭한 학생일 것이다. 억지로라도 그렇게 생각하기로 마음을 정하니 한결 기분이 맑아졌다.

어둡게, 좋지 않게, 나쁘게 생각하지 말자. 나쁘게 생각하면 좋은 것도 나빠질 것이고 좋게 생각하면 나쁜 것이라도 좋아질 것이다. 그래, 맞다. 이제부터 어저께 실수를 잊고 전과 같이 아무 일 없는 듯이 살자 다짐을 하니 한결 마음이 가벼워지는 것이다.

생각을 어떻게 하느냐에 따라 마음도 다스려지는 모양이다. 구태여 알지 못하는 일 가지고 미리 마음 아파하고 걱정하며 사는 사람만큼 어리석은 사람 없을 것이다. 내가 알지 못하는 것을 미리 알려고 병원에 가서 다리를 쩍 벌리고 보이기 싫은 곳 보이면서 의사 선생님께 확인을 받는 것도 차마 학생으로 할 수 없는 낯부끄러운 일이었다. 내가 생각하는 그 걱정스러운 일을 누가 보고 말하는 것도 아닌데, 더욱 내 몸에 하등 아무런 이상이 없는데 미리 걱정할 일은 아니라고 재삼 다짐했다.

점심 식사를 마치고 천천히 한방 친구의 뒤를 따라 작업실로 돌아왔다. 오후의 시간도 바쁜 작업 때문에 정신없이 재봉틀을 밟는다. 작업량이 달려 재단실을 갔다 왔다 반복하다 보니 정신없이 지나갔다. 완성 부서에서는 다림질할 옷이 없다며 만들어 놓기 무섭게 가져간다. 이렇게 물건이 달려서야 웬 선적 날짜를 맞추겠느냐며 업무부에서는 아우성이다. 부서 간에 자주 티격태격한다. 잘못 만들어진 옷 관계이기도 하고 수량 때문일 때도 있다. 박음질이 직선이어야 하는데 비뚤어지면 바느질하는 사람 잘못이지만 그렇지 않고 분별하기 어려운 묘한 곳일 때도 있다. 그럴 때는 네가 잘했니 내가 못 했니 하면서 다투기도 한다. 그러다 보면 시간은 금방 간다.

종료 벨 소리에 하던 일을 정리하고 내일 할 일을 구분하여 정리해 두고 학교에 갔다. 오늘 수업도 어지러운 머리 때문에 선생님 말씀은 귀에 들어오지 않는다. 눈은 칠판을 보면서 생각은 여기저기 옮겨 다녔다. 전에 없던 지루하기만 한 수업도 끝났다.

설정(薛貞)은 1반이고 한방 친구는 3반이라 가끔은 마치는 시간이 다른 경우도 있다. 각 반 사정이나 종례 때 선생님의 말씀의 길이에 따라 조금 차이가 나지만 대개의 경우 비슷하게 마친다. 오늘은 우리 반이 먼저 마쳤다.

정문으로 가서 버스에 올라 자리에 앉았다. 친구도 비슷한 시간에 버스에 올라 옆자리에 앉았다. 야간 통근 버스는 탑승하는 사원들이 많지 않아 한 10명 정도 서서 출발한다. 주간만 일을 하는 부서에서는 자주 잔업이 있기 때문에 22시에 일이 끝나는 경우가 허다하다. 야간 통근 버스는 잔업 부서 직원들과 학생들이 함께 이용한다.

부서는 다르지만 다들 어려운 가정환경 때문에 고생을 하는 처지다 보니 동병상련(同病相憐)이랄까? 서로 위로해 주고 다독여 주며 앉을 자리도 서로 양보하고 학생들이 한 자라도 더 읽을 수 있도록 배려하는 마음이 남달랐다. 어느 형제가 이토록 우애가 돈독할까? 마음 씀씀이가 고울까? 혹 방해가 될까 대화도 귓속말로 한다. 어느 하나 나무랄 데 없는 차 안 분위기다. 심지어 기사 아저씨도 서 있는 종업원을 위해 가급적이면 브레이크를 밟지 않고 급정차나 급출발은 하지 않는다. 버스 경음기도 좀체 울리지 않는다. 최대한으로 안락한 운전으로 집까지 평안한 이동이 되도록 노력하는 모습을 볼 수 있다.

우리나라 사람은 한마디로 얘기한다면 어려울 때 똘똘 뭉쳐 한마음이 되며 난세(亂世)에 뛰어난 응집력으로 어려움을 이겨

냈다. 우리 회사 버스 풍경이 닮은꼴이다. 병자호란 때 그러했고 임진왜란 때 그러했다. 특히 임진왜란 때에는 왕이 버리고 간 도성을 일본군은 개전 단 20일 만에 정복했다. 그러니 이젠 전쟁은 자기들 승전으로 끝날 것이며 그때 이미 조선 통치를 생각하며 정복자로 군림(君臨)하였지만 조선의 선한 백성들이 가만두지 않았다. 팔도의 수없이 많은 백성들이 의병이 되었고 도량(道場)에서 도를 닦던 승려들이 승병이 되어 잠깐 절을 비우고 싸움터로 달려갔다. 승병장 사명대사 유정은 염주 대신 칼을 들고 승병장으로 활약하였다(일본인이 사명대사를 방에 가두고 불을 때 죽이려 하였는데, 정작 방 안에 있던 사명대사는 덜덜덜 떨며 어찌 손님 대접을 이렇게 하느냐며 호통을 쳤다는 유명한 일화가 있다). 그리고 바다에서는 민족의 성웅 이순신 장군이 백성들과 똘똘 뭉쳐 바다에서 23전 전승의 인류해전(人類海戰) 사상 유래 없는 전무후무(前無後無)한 쾌거로 전쟁 발발 7년여 끝에 일본군을 물리쳤다. 그 후예들이니만큼 어려움에 처한 처지가 비슷 사람들이 모인 단체에서 어찌 서로 돕고 의지하는 마음이 없었겠는가? 그리고 우리나라는 역사적으로 900번 이상의 외침을 당하면서도 민족이 없어지지 않고 유구한 반만년 역사를 이어온 민족이니만큼 그냥 어쩌다가 지금의 대한민국이 있는 것은 아닐 것이다. 민족의 저력을 본다. 어려울 때 응집력이 강한 민족이니만큼 어려운 사람들이 모여 일하는 직장 종사자들도 서로 도우며 위하는 마음 각별하다 해야 할 것이다.

차 안에서도 친구와는 아무 말도 하지 않았다. 집에 와서도 친구는 아무 말이 없었다. 그렇다고 남자 대학생에 대해 꼬치꼬치 캐물을 마음도 없었다. 혹 자신의 일 때문에 안달하는 것으로 비칠 수도 있을 것이고, 거기에다 아버지가 부자라는 그 말을 들었으니 대학생의 여러 가지를 물으면 너도 별수 없는 아이였다고 생각할 것이다. 대학생이라니까 자신이 그 사람을 유혹하는 사람으로 비칠 수도 있겠다는 생각은 자신만의 어떤 결벽증(潔癖症)이라 할까, 아니면 자신감이랄까 언제나 당당했던 자신의 모습을 마구 구기는 것 같다는 생각을 지울 수 없었기 때문이다.

그날 이후 남학생에 대해서는 한마디 말도 서로가 하지 않았다. 친구는 너 어디까지 묻지 않고 견디나 보자 하는 마음인 것 같았다. 자기 자신은 전혀 관심이 없는 것 같기도 하나 자신도 스스로의 속마음을 읽을 수 없으니 친구 눈에는 어떻게 비칠까 그것 또한 자못 궁금하였지만 물어볼 수도 없고 그렇게 시간이 흘러갔다.

서로 누가 먼저 그날 밤의 일을 말하나 인내를 시험하는 그러한 날들은 지나가고 있었다. 인내 아닌 인내, 경쟁 아닌 경쟁을 하는 오기의 시간들이라 해도 과언이 아니었다. 서로 한마디 말도 하지 않으면서 그렇게 시간은 흘러가 버렸다.

어느 날 생산1과에 한 통의 전화가 걸려 왔다. 보통 일과 시간에는 전화를 바꿔주지 않고 전달만 해주는데 이날은 시골 집 동네 동장이 꼭 바꿔야 한다면서 간곡하게 부탁을 했는지 사무실 박 양 언니가 작업장까지 와서 집에서 전화 왔으니 받으라 한다. 여태까지 객지 생활을 시작한 지 2년 반을 조금 넘는 동안 한 번도 없었던 일이다. 더구나 지난 5월에 집을 다녀온 지 2개월이 조금 지난 시점인데 심히 당황하고 걱정스러운 마음으로 사무실에 가서 전화를 받았다. 동장님 말씀이 먼저 놀라지 마라 하시면서 어머니께서 새벽녘에 돌아가셨다는 내용을 전한다. 천장이 빙글 돌며 머릿속이 하얗고 귀가 먹먹하며 아무것도 보이지 않는다. 넘어질 듯 털썩 주저앉았다. 옆에 있던 사무실 박 양 언니가 깜짝 놀라면서

"정(貞)아야! 너 왜 이래."

하면서 겨드랑이에 손을 넣고 간신히 일으켜 억지로 의자에 앉힌다. 그리고 잽싸게 현장으로 달려가 과장을 불러왔다. 과장님이 사무실에 들어오신다. 마주보면서 부드러운 목소리로

"왜 무슨 일이 있어?"

묻는다.

하얀 얼굴이 되어 뚝뚝 눈물을 흘리며 힘없이

"방금 마을 동장님께서 어머니가 돌아가셨다고 합니다."

과장님은 이를 어쩌나 하시면서 어깨를 두드리며 위로하신다.

"울지 마. 어떻든 산 사람은 사는 법이다. 연세도 많지 않으신데 돌아가셨다니 너무 불쌍하고 속이 상할 것이다. 어쨌거

나 돌아가셨다니 인간으로 할 수 있는 일은 아무것도 없다. 받아들일 수밖에 없지 않느냐?"

하시면서 위로의 말씀을 하신다.

지금 과장님은 공원으로 출발하여 과장까지 진급하신 분이라 부하에 대한 애정 남달랐다. 자기 처지 어려웠던 그 시절을 생각하면서 적어도 과내 직원이며 가정사(家庭事)까지 파악해서 익히신다. 그러니 홀로 되어 사시는 한 라인의 조장인 설정(薛貞)의 어머니의 연세까지도 정확히 기억하시는 것은 그리 놀라운 일은 아니다. 그러니 과내는 물론이거니와 여러 과 가운데서도 언제나 실적이고, 품질이며 모든 부문에서 앞서가는 라인의 조장 일이니 어련하실까? 과장님의 따뜻한 말씀 한 마디에 더욱 눈물이 난다. 과장님은 시골이 집이니만큼 차편도 마땅치 않을 것이며 버스나 다른 차편을 이용하면 오늘 하루 해를 넘겨야 도착할 수 있는 사정을 미리 아시고

"설(薛) 조장! 내 출퇴근 차를 타고 가."

하시면서 기사가 항상 대기하고 있는 정문으로 연락을 한다(당시는 집이 비슷한 방향의 간부들에게 운전기사를 배치하여 3, 4명이 한 조가 되어 출퇴근하도록 하는 회사의 배려가 있었다. 일과 시간에는 업무용으로 사용한다).

외출복으로 갈아입고 회사 금고에 가서 얼마간의 돈을 찾아 정문에 갔다. 운전기사 아저씨가 설정(薛貞)을 알아보고 주차장에 데리고 가서 차문을 열어준다. 운전석 옆에 앉아서 시골

집으로 출발했다. 학생을 집까지 데려다 주고 돌아와도 퇴근 시간까지는 충분히 도착할 수 있다.

설정(薛貞)은 슬픔을 억누르고 혼자 생각에 젖는다. 아마 엄마는 나 때문에 돌아가셨을 것이다. 그 잘난 돈 때문에 말이다. 자기가 송금한 돈을 오빠가, 그것도 노름을 해서 탕진한 것을 지난번 갑자기 귀향 때에 계 타령을 하시면서 오빠의 잘못을 덮으려고 애를 쓰셨다. 딸이 떠난 후에 곰곰이 생각해 보니 잘못하다가는 오빠 밑을 닦다(뒷바라지를 하다) 둘 다 평생 고생할 것 같은 생각에 마음을 고쳐먹고 비뚤비뚤한 글씨에 침을 발라가면서 딸에게 사실대로 전하려고 연필로 쓴 편지를 붙였을 것이다. 어머니는 그러고는 이것이 잘한 일일까, 아들이 알면 또 얼마나 섭섭해 할까 번민에 번민을 하셨을 것이다.

어머니의 눈물 어린 편지를 받은 후 얼마 지나지 않은 오늘 돌아가셨다. 아마 자신의 죽음을 미리 아시고 이후에도 오빠에게는 거리를 두고 살아가야 한다는 것을 일깨워주고 가셨지 않았나 생각되기도 한다. 어머니의 죽음은 순전히 오빠의 방탕 등으로 여러 가지 심려가 깊으시어 돌아가신 것이지만 원인 제공은 자기가 한 게 아닐까 하는 생각에 몹시도 괴롭다.

아버지는 자기가 태어나기 전에 돌아가셨다. 그러니 유복자다. 시골집에는 이제 엄마마저 돌아가시고 없다. 더구나 하나뿐인 오빠는 주색잡기, 그것도 모자라 노름에 미쳐 장가도 가지 못하고 시골에 살지만 농토라고는 한 마지기도 없는 실정이다. 전에는 꽤 농토가 있었다는데 아버지 병환으로 어쩔 수 없이 다 팔아 병원비로 다 충당했다고 한다. 어떻게 보면 농사를 짓지 않은 것은 당연한 일일지 몰라도 무엇을 해서라도 살 궁리를 해야 하는 것은 더 말할 나위 없지만 애초에 그러한 것은 생각도 않는 그런 위인이다. 머리가 나쁜 것인지 환경이 그렇게 만든 것인지 나쁜 친구를 사귄 것인지, 문제의 청년이다. 오빠는 어머니가 돌아가시고 장사를 지낼 때까지 어디서 무엇을 하는지 연락도 되지 않았다.

어머니의 혼령 앞에 서서 혼자 음식도 먹지 못하고 연신 꾹꾹 울고 또 울며 이틀을 버텼다. 많지 않은 문상객들도 하나같이 딸을 두고 어찌 갔을까 하늘도 무심하시지, 저 아이가 공장에 가서 일을 한 뒤로 집이 좀 나아졌는데 조금만 참으면 식구가 많나 옛말하며 살 때도 있을 텐데 저를 어떻게 하나 불쌍해서 저를 어쩌지 하시면서 반 울음 섞인 목소리로 위로의 말씀을 하신다. 장례 날에는 동네 사람들과 몇 되지 않은 친척 분들과 회사 과장님과 동료 몇 사람이 부조금을 갖고 오시어 장지까지 따라오셔서 함께해주셨다.

어디에 소속되어 있다는 것이 이렇게 고마울 수가 없다. 적지 않은 장례비에 많은 도움이 되었다. 후에 안 일이지만 과원 전체가 십시일반으로 한마음이 되어 얼마간 부의금을 떼어 가불로 처리해 부조금으로 지급하고 월급에서 공제했다 한다. 이는 흔치 않은 일임을 나중에 박 양 언니가 얘기해 주어 알았다.

엄마의 사인은 뇌출혈이며 친척 몇 분과 동네 어른 분들이 인우 증명을 하는 등 도와주시어 무리 없이 장례를 치를 수 있었다. 장례비는 자신이 가져간 돈과 회사에서 준 부의금으로 치렀으며, 어머니는 아버지 무덤 왼편에 안장했다. 집을 떠나면서 동장 아저씨께 오빠가 혹 오면 자초지종을 잘 말씀드려 주시기를 부탁드리고 초우제를 지낸 날 오후 고향을 떠나 자취집으로 돌아왔다. 엄마가 키우시던 닭 몇 마리는 얼마 되지 않은 돈과 함께 수고하신 동네 분들의 노고에 보답하는 뜻으로 드린다며 음식을 나누어 드시라고 동장님께 말씀드렸다. 여러 가지 고마움은 앞으로 잊지 않고 열심히 살며 성공하여 동네 어른분과 동네를 위해서 조금이나마 보탬이 될 수 있도록 노력할 것이라며 잘 말씀드려주시길 부탁드렸다. 어머니의 값나가지 않는 살림살이며 잡다한 것은 문을 잠가 놓았으니 가끔 들러 둘러 봐주시고 오빠가 오면 열쇠를 주라고 부탁을 드렸다.

동장 아저씨는

"너는 할 수 있어, 너를 믿어."

하며 위로해 주시면서 손을 잡아 주셨다.

"오빠가 오면 그간의 사정을 잘 이야기하겠다. 너무 걱정마라."

위로해 주셨다.

동장님 외에 여러분이 마중을 해 주신다.

정든 집을 나서는데 그사이 많이 자란 강아지가 꼬리를 흔들며 엄마를 대신하여 작별 인사를 하는 것 같다. 눈물이 왈칵 샘솟듯 흐른다. "강아지야!" 하면서 말 못하는 강아지를 부르며 너와 함께 사셨던 우리 어머니는 이제 영원히 볼 수 없는 곳으로 가셨으니 너를 어떻게 해 하면서 돌아서서는 다시 동장님께 강아지를 잘 부탁드린다고 말씀을 드렸다. 말 못하는 강아지와의 이별이 서러워 고개를 숙이고 어머니와 함께 찍은 사진이며 유품 몇 점을 넣은 가방 하나를 들고 달리듯 나왔다. 한참 동안 따라오는 것 같던 강아지도 굽어지는 어느 길에서 돌아보니 보이지 않았다.

오늘도 동네 앞 개울가에 능수버들은 늘어지지 말라 해도 축 늘어져 사람의 마음을 읽는 것 같다.

버스를 타고 회사로 돌아오면서 성공하지 않는 한 다시는 찾지 않겠다 맹세하고 집을 떠나왔다.

아무 일 없는 듯 세월은 빠르게 흘러갔다. 신상에도 별다른 일이 발생하지 않았다. 아침 먹고 회사에 가서 일을 하고 저녁에 공부하고 매일 같은 일들이 반복되었다.

이해 여름도 많은 생각을 하는 가운데 흘러갔다. 사람들은 덥다면서 바다를 찾아갔으나 설정(薛貞)은 회사에서 하기 휴가를 5일이나 주었는데도 아무 곳에도 가지 않았다. 바다 모래사장 한곳을 빌려 천막을 쳐놓고 하계 휴양소를 설치하여 사원들의 바닷길을 한층 더 편리하도록 운영하였는데도 가지 않았다.

한방 친구가 자기 시골집으로 가자 하는데도 영 마음이 내키지 않았다. 휴가 기간 동안은 한 발자국도 밖으로 나가지 않고 어머니가 돌아가시고 죽음에 대한 여러 가지 의문으로 성경책을 사서 보면서 어머니를 생각하거나 학과 공부로 시간을 보냈다.

자취방 옆에 하나 있는 나무 위에서 매미는 '맴맴 스르르' 고향집에서 듣던 그대로 운다. 우리나라 매미는 아마 어디에 살든 간에 한 자손인 모양이다. '맴맴 스르르' 언어가 같으니까. 또 매미는 비가 오면 울지를 않는다. 날개가 젖어 울지 않는지 아니면 다른 무슨 특별한 사정이 있어 울지 않는지 의문이다. 개구리는 비가 오려 하면 운다. 이는 강가에 부모를 묻은 불효 개구리가 홍수에 무덤에 계시는 부모가 떠내려갈까 걱정하기 때문이라고 하는데, 오빠는 장례에도 오지 않아놓고 앞으로 많은 날들 동안 얼마나 울려고 저러나 생각해 본다. 짐승도, 아니 미물도 저러는데 하물며 오빠는 소식도 없고 고향에서 연락도 없는 것을 보니 아직도 나타나지도 않은 모양이다.

휴가가 끝난 뒤에는 오빠가 노름으로 탕진한 돈을 채우기라도 하려는 듯 토요일이나 일요일의 특근을 도맡아 했다. 더 열심히 일을 했다. 가을로 접어들면서 언제부터인가 매월 보이던 달거리가 없었다. 어머니의 죽음이라는 큰 아픔과 오빠의 노름과 방탕한 생활 걱정을 하다 보니 그리고 회사의 일과 공부에 매달려 다른 것은 일체 신경을 쓰지 않았다. 자신의 몸의 변화도 잊어버렸다. 언제부터 달거리가 없어졌는지도 모른다. 바쁘게 몸을 굴려야만 정신적인 허탈감으로부터 해방될 수 있기 때문이다. 특별히 다른 아픈 곳도 없고 몸에는 아무런 이상도 발견할 수 없었다.

이러다 보니 여름도 언제 흘러갔는지 울긋불긋 가을인가 싶더니 하나둘 낙엽이 도로 위에 나뒹굴며 스산한 바람이 낙엽들을 사르르 또 사르르 소리를 내며 으슥한 담벼락으로 끌고 가는 늦가을도 지났다. 잎 떨어져 볼품없는 나무들이 을씨년스럽게 서 있는 겨울이 잎 떨어져 한여름 동안 좁기만 했던 산길을 탁 트인 훤한 산길로 변화시켰다. 아침에는 서리가 흙을 밀어낸 자리에 개미집 같은 조그마한 얼음 움막을 만들어 겨울임을 알린다. 먹을 것을 걱정하지 않는 사람들은 단풍이 인간들의 얼굴에 피는 검버섯 같은 저승꽃인 줄 몰랐던 모양이다. 단풍 구경을 간다며 한동안 신문 방송이 시끄럽더니만 조용하다. 며칠 전부터 담임 선생님께서 종례 시간이면 어김없이 졸업을 앞둔 마지막 겨울방학을 어떻게 지내는 것이 중요한지 선생님의 경험을 살린 확신에 찬 말씀을 이으시며 무슨 연속극같이 시리즈로 엮어 계속 말씀을 하신다. 대학을 가든 다른 곳에 취직(산업체 특별 학급 출신자는 보통 사무직을 원한다. 주간에 일을 하고 야간에 공부를 하다 보니 지쳐서 주간만 하는 사무직을 원하는 학생이 많은 것이다)을 하든 아니면 계속 근무를 하든 나름의 계획을 세우라며, 여러분들이 일과 배움 두 가지 일들을 하느라 얼마나 고생이 많았느냐고 그 고생의 3년을 먼 후일 되돌아보았을 때 활짝 핀 꽃으로 열매를 맺도록 하는 것이 3학년 마지막 겨울방학이라 하신다. 먼 후일 자신에게 자신 있게 말할 수 있도록 이번 겨울방학은 더욱 알찬 계획을 세워 실천할 것을 당부하셨다.

그런 어느 날이었다. 돈 때문에 어머니가 돌아가시지 않았을까? 아픈 기억이 떠올라 때때로 돌아가신 어머니의 슬픈 얼굴을 그리며 눈시울을 붉힐 때, 자신도 모르는 중에 고개를 들고 먼 허공을 향하며 하늘을 바라보는 버릇이 생겼다. 하늘의 구름은 세상 그 어떤 일에도 관심이 없는 듯 하늘 길이 멀다고 무엇이 그리 급한지 쏜살같이 달아날 때도 있는가 하면, 드물긴 하지만 어느 때는 한쪽 하늘을 완전히 점령한 구름들이 한자리에서 못을 박은 듯 꼼짝도 않고 있을 때도 있다. 이럴 때는 수시간이 걸려도 기다리며 누구에게 꼭 보여주어야만 하는 아픈 사연이 있는 것 같기도 하다. 또 어떤 때는 여럿 무리지은 구름들이 시위를 하는 듯 항의의 표시를 하는 듯 들락날락 뭉쳤다 헤어졌다 반복한다. 또 어떤 날은 검은 구름이 온통 하늘을 완벽하게 가린다. 하늘에도 무슨 말 못할 비밀이 있는 것은 아닌지 하늘 전체가 온통 벽을 쌓은 느낌이다. 가릴 것이 많은 고래 등 같은 집을 연상하고 감출 것이 많으면 저렇게 담장이 높고 완벽한가 보다 생각하기도 했다.

그리고 구름 한 점 없는 푸른 하늘만이 고고히 아래 세상을 내려다볼 때는 하늘이 이렇게 말을 하는 것 같다. 움츠린 어깨를 펴라. 당당하여라. 나를 보라. 넓고 푸른 하늘을 보라. 이 세상은 끝없이 높지 않느냐, 넓지 않느냐. 무엇이 그리 두려운가? 너에게는 아직 피지 않은 꽃 같은 젊음이 있지 않은가? 명석한 두뇌가 있지 않는가? 노력하면 무엇이나 다 이룰 수 있는, 얻을 수 있는 젊은 너 자신을 믿어라. 말하는 듯하다. 또 하늘 길 따라 멀리멀리 아주 멀리 가면 어머님이 사시는 하늘나라가 있지 않을까? 생각이 나래가 되어 훨훨 우주 끝까지 자신만의 여행을 떠나기도 한다. 오늘은 이 별, 내일은 저 별, 또 다음 날은 다른 별로. 생각만으로 온 별을 찾아온 우주를 섭렵하기도 한다.

그러던 어느 일요일 아침이었다. 수출 기한 때문에 일요일 특근을 했다. 한 반 친구와 함께 식당에서 점심 식사를 마치고 작업실로 돌아오는 길에 갑자기 구역질이 나며 먹은 것을 토하고 싶은 충동에 친구에게 너 먼저 가라며 화장실로 급히 갔다. 문을 열고 손가락을 입으로 가져가며 변기에 얼굴을 대고 입을 벌렸다. 억— 억— 하면서 고개를 숙이고 토하려 해도 먹은 것은 나오지 않고 신물만 나온다. 침을 질질 흘리듯 신물이 계속 입에서 흘러나온다. 한참을 그러고 있으니 어느 정도 가라앉는다. 더 얼마간 그러고 있으니 괜찮아졌다. 작업장에 왔다. 계속 그럴까 은근히 걱정을 했는데 속은 잠잠해진다. 일부러 트림을 하여도 신물이 올라오지 않는다. 이젠 괜찮아진 것일까? 오후 작업을 끝마칠 때까지 별 이상 없었다.

19시에 통근 버스를 탔다. 가솔린 냄새를 맡으니 다시 구역질이 난다. 억지로 참고 계속 수건으로 입을 가리며 자취방으로 왔다. 오늘은 다른 날과 달리 많이 피곤하다. 전에 언제도 지금과 같이 신물이 나고 메스꺼울 때가 있었다. 주인집 아주머니께 말씀드렸더니 체했다며 체한 데는 이게 제일이라면서 손가락 끝을 따 주셨다. 금방 씻은 듯이 나았다. 신통했다. 그런 경험도 있고 해서 오늘 다시 말씀드렸다. 전과 같이 혹 먹은 것이 체했는지 모른다며 실과 바늘을 꺼내서 손가락을 따 주시며 트림을 해보라 하신다. 보통 체한 경우에는 한 번 따 주시기만 하면 씻은 듯이 낫는다. 주인집 아주머니는 민간요법에는 일가견이 있으신 분이다. 친정집 옆집은 예부터 한약방을 하셨다. 어릴 때 그 집 손자와 어울려 다니다 보니 자주 들락날락하며 어깨 너머로 배웠다는 것이다. 억지로 트림을 해보았지만 아무 소용이 없다. 곧 났겠지 하면서 물러 나와 그래도 안전하게 하려고 약방에 가서 체한 데 약을 달라 하니 캡슐로 된 6개 들이 가루약을 주시며 지금 한 봉지 먹고 내일 아침에 먹고 그래도 낫지 않으면 병원에 가보라 한다.

약을 먹고 여러 시간이 지나도 차이가 없다. 저녁도 먹지 않고 밤새도록 화장실을 들락거렸다. 한방 친구는 누가 죽어나가도 모를 것 같다. 아니, 누가 업어가도 업어가는 줄도 모르게 잘도 잠을 잔다. 야속(野俗)하기도 하고 천하태평으로 자는 모습이 부럽기도 했다.

이튿날 아침인데도 구역질이 난다. 약을 먹어도 딱 멈추지 않는다. 아무래도 병원에 가야겠다는 생각이 든다. 무슨 큰 병은 아닌지 걱정이 된다. 까맣게 잊고 있던 하룻밤 여관방 신세가 갑자기 불길한 예감이 되어 가슴을 짓누른다. 이제까지 이런 일은 한 번도 없었다.

무엇인가 마음에 짚이는 것이 있다. 가만히 생각해 보니 언제부터인가 달거리가 없는 것이 이제야 생각난다. 가슴이 철렁 내려앉는다. 어머니 생각이 난다. 하늘에 계신 어머니, 나 좀 도와주셔요. 자신도 모르게 기도하는 마음이 된다.

오늘은 병원에 갈 생각이다. 아침에 친구와 같이 걸어 나오면서 시골집 정리 때문에 하루 결석을 해야 한다고 반장에게 이야기해 달라 부탁을 하고 한참을 걸어 나왔다. 가만히 보니 아직 병원 문 열 시간이 아니다. 시골 가져갈 것을 잊었다며 잠깐 집에 다시 들렀다 간다며 먼저 가라고 이르고는 자취방에 다시 왔다. 병원에 가기 때문에 결근을 한다는 말은 차마 친구에게 할 수 없었다. 진료 시간이 보통 9시이므로 잠시 누워 있다 병원 문 열기를 기다렸다. 시간을 맞춰 병원을 찾아가기 위해서다.

한 40분 지체하다 가끔 외출 시 본 로터리 옆 최내과의원을 찾아갔다. 문을 열고 들어갔다. 아직 선생님이 출근하시지 않았다며 소파에 앉아 기다리라는 여직원 말에 지나간 잡지 하나를 골라 보면서 의사 선생님을 기다렸다. 잡지는 내년도 경제 정책과 함께 장밋빛 미래를 소개하고 있다. 다시 한 장을 넘긴 다음 장에는 웃는 얼굴의 유명 배우의 파격적인 반라 사진이 자기의 마음과는 상관없이 한 면을 완전히 덮고 있다. 길거리에 미니스커트를 단속한다며 자를 들고 길에 서 계시는 경찰 아저씨를 보았는데 이 잡지는 그와는 상관없는 모양이다. 장발까지 단속하는 경찰 아저씨들도 있었는데, 잡지 하나도 단속하지 못하면서 개인을 상대로는 안하무인격이다. 개인의 인권이 길거리에서 조롱당하고 있다는 생각도 든다. 잡지를 보다 씨그둥하여 덮는다.

문을 열고 안경 너머 눈이 부리부리하신 나이 지긋한 의사 선생님이 들어오시며 진찰실로 들어오라 한다. 흰 가운을 입으시며 어디 가 아프냐며 물으신다. 어디가 아픈 것이 아니고 구토가 나고 신물이 나온다며 혹 먹은 음식이 이상이 있어 그러한지 말끝을 흐린다. 의사 선생님 맞은편 의자에 앉았다. 몇 마디 문진을 하시고는 입을 벌려 입안을 보시고 혀를 보시고 입천장을 보시고는 침대에 누으라 하시면서 옷을 유방 가린 곳까지 걷어 올리면서 약간 통통하고 어딘가 단단한 배를 오른손으로 꾹 누른다. 자기도 모르는 사이에 아야 하며 입으로 신음소리를 낸다.

의사 선생님은 더 진찰할 생각을 않으시고 손을 씻으시며 길 건너 왼편에 있는 2층 산부인과로 가라고 하신다.

"왜요?"

놀라면서

"선생님."

하며 반문을 한다.

선생님은 별다른 말씀은 않으시고 내가 진료할 병은 아니 것 같다며 다시 산부인과로 가라는 것이다. 한 번 더 그 말씀을 듣고는 머리가 띵하며 스쳐 지나가는 불길한 생각이 떠오른 것이다. 그날 술에 취해 여관방을 누구의 부축을 받으며 갔었는지? 소변을 볼 때 꽉 찬 것을 쏟아내는 시원한 느낌도 있었지만 무엇인지는 모를, 심히 막힌 것같이 불편하고 밑이 따갑고 많이 아팠던 기억이 난다. 정신이 아찔해지고 무엇인가 쿵 하고 떨어지는 기분이다.

진료비도 받지 않으시며 다시 산부인과로 가라는 말씀을 뒤로하고 문을 열고 길로 나온다. 바로 왼편에 2층 산부인과가 보인다.

한편 회사에서는 1년 365일 그 흔한 코감기 한 번 하지 않던 조장이 한방 친구의 말에 의하면 시골에 일이 있어 결근한다 하니 시골에 무슨 일이 있는가 보다 고향에는 피붙이라곤 오빠 한 분뿐인데 혹 오빠가 무슨 사고라도 당했나 한다. 반장의 보고에 과장은 근심스러운 얼굴을 하고는 내일은 출근하겠지 하시며 한방 친구에게 물어 보라 한다. 아무 일 없기를 바라는 마음을 이렇게 물음으로 표시한다.

산부인과 문을 밀고 들어갔다. 맞은편 벽에 만삭의 여인이 어린아이 손을 잡고 흰 이를 내며 함박웃음 머금고 자신을 보는 것 같다.

환자 대기실에는 한 명의 환자도 없었다.

접수하고 진료실로 들어갔다. 산부인과 의사 선생님은 여자 분이었다. 몇 마디 문진을 한 후에 침대에 누으라 하시면서 청진기를 배에 갖다 댄다. 몇 번 청진기를 이리저리 옮기시더니

"임신입니다."

하며 남의 사정도 모르시고

"축하합니다."

인사까지 한다.

학생은 키도 크고 몸도 좋아 고등학생이라고는 믿는 사람은 거의 없다. 그러니 의사로서는 당연한 일인 것이다.

"정확히 진단을 해봐야 알겠지만 벌써 여러 달 되었습니다."

깜짝 놀라며

"뭐라 하셨습니까?"

하는 반문에 의아해 하며 다 알면서 무얼 그러느냐 하는 얼굴을 하신다.

"정확히 진찰을 해봐야 알겠지만 7개월이 넘은 것 같습니다."

산모가 키도 크고 몸도 좋고 건강하여 임신한 여자같이 보이지 않는다. 경우에는 따라서는 9개월까지도 임산부인지 알아차리지 못하는 경우도 더러 있다. 그리고 입덧이 없는 경우는 허다하다. 지금부터 유산을 한다든지 잘못되는 일이 일어날 수 있는 중요한 시기이니만큼 무리하지 마시고 특히 힘든

일은 하지 마시고 몸조심하라 하신다.

하늘이 무너지듯 하다는 말은 이를 두고 하는 말이다. 병원을 나와 가로수 잎이 떨어져 이리저리 뒹굴고 있는 인도를 걷는다. 12월 중순이지만 낮 햇빛이 머리 위에서 정신을 차리게 하려는지 정수리를 따갑게 한다. 걷는 사람이 없는 인도에는 낙엽만이 발에 차이며 거치적거리다 작은 먼지를 날리며 햇빛이 없는 하수구로 떨어진다.

무엇을 어떻게 해야 할지 막막하다. 돌아가신 어머니의 얼굴이 멀리 저 산 능선에서 자신을 말없이 바라보는 것 같았다. 산 위에 흐르는 구름은 한가하다.

한참을 걸었다. 혹 이러다가 회사 사람이 지나가다 보면 어쩌려고, 아침에는 시골에 일이 있어 간다 해놓고는 한낮에 인도를 정신을 놓고 걷는다면 말들이 많을 텐데 하는 급한 생각에 지나가는 버스에 올랐다. 다행히 버스는 시골집으로 가는 시외 주차장행이다.

시외 주차장에 내려 구내식당에 들어갔다. 아침을 먹는 둥 마는 둥 했지만 전혀 배가 고프지 않았다. 의자에 앉아 된장찌개를 시켜놓고 고개를 숙이고 생각에 잠긴다.

그 황당했던 일이 있고 그 이튿날 꾼 꿈이 생각난다.

큰 많은 나무들이 사방으로 줄이 되어 서 있다. 불빛 같기도 하고 무서운 산 짐승의 눈빛 같기도 한 빛이 멀리 나무 사이로 보였다. 화들짝 놀라 두 마리 새가 날갯짓하며 하늘 저 멀리 구름 속으로 날아갔다. 깨어보니 꿈이었다.

이제 보니 말로만 듣던 태몽이 아닐까? 아이 둘이 보였고, 산짐승의 눈빛이며 날아간 새가 그것을 암시하는 것은 아닐까? 아이 둘은 쌍둥이란 말인가? 햇빛은 무엇이며 짐승의 눈빛은 또 무엇인가? 새가 날갯짓하며 날아가는 것은 또 무엇인가? 무엇을 암시하는 걸까?

앞으로 어떻게 할지 막막하다. 아마 어머니가 계셨다면 달려가 엉엉 울기라도 해 속이라도 시원해질 것인데 하며 곰곰이 생각해 본다.

틀림없는 태몽이었다. 나도 예언적 꿈을 한 번만이라도 꾸었으면 할 때도 있었다. 이 꿈이 현재 내가 처한 위치에서는 좋은 태몽은 아니었다. 축복받으며 이루어진 남녀 관계라면 더할 나위 없는 좋은 꿈일 것이다. 어떻든 하나의 생명 탄생은 축복받은 탄생이든 그렇지 않은 탄생이든 하나의 창조이며 하느님이 허락하신 창조 사업에 동참하는 거룩한 행위이다. 귀하고 귀하지 않고 상관없이 축복받을 일임에 틀림이 없다.

어머니가 계시다면 무슨 말씀하실까? 아마 역정을 내시기 전에 어머니는 딸을 믿기 때문에 꾸지람보다 무슨 사정이 있었겠지 생각하시면서 무조건 낳아라, 아이는 내가 키워주신다 할 것이다. 아이 아버지가 누구냐고 물으신다면 사실대로 말씀드리기 어려우니까 군에 갔다든지 아니면 외국에 갔다든지 하면서 임시방편을 마련해 놓고 천천히 생각해 봐도 되겠지만 이젠 그럴 필요조차 없는 것이 너무 서러웠다. 위로를 받고 받지 않는 것이 문제가 아니라 자신의 주위에는 이러한 어려운 일들을 의논할 수 있는 사람이 한 분도 없다는 것이 더 큰 서러움이었다.

어떻든 세상을 보기 위하여 만들어진 아이이니만큼 함께 살아갈 일들을 걱정해야 하지 않을까? 골똘한 생각 중에 식사가 왔다. 몇 숟갈을 뜨고는 일어나서 고향행 버스에 올랐다.

교외를 나오니 잎들이 떨어진 산에 나무들의 앙상한 모습이 더욱 마음을 을씨년스럽게 한다. 그 푸르던 산들도 세월 앞에서는 저렇게 나뭇잎은 떨어뜨리고 또 한 해 겨울의 어려움을 이겨내기 위하여 겨울 맞을 준비를 하는가 보다.

계절은 이렇게 한 해가 가면 또 한 해가 어김없이 찾아와 지난해 보지 못했던 또 다른 아름다움을 보여주기도 하지만 인생은 한 번 가면 다시 오지 않으니 나의 어머니를 만나려면 이 세상에서는 어림없다. 죽음이 어떤 것인지는 몰라도 어머니와 같이 죽으면 가능하지 않을까 생각이 든다.

어머니의 무덤 앞에서 한바탕 울고 나면 무슨 속 시원한 해결책이라도 나올까? 눈을 감고 덜컹거리는 버스 창문에 기대었다.

얼마 전부터 어머니의 죽음도 있고 해서 그런지 종교에 관심이 생겼다. 교회는 가지 않지만 돌아가신 어머니에 대한 그리움이 지난 여름방학 때부터 성경책을 가까이하게 만들었다. 어머니는 먼저 돌아가신 아버지를 만나신 것일까? 알 수 없는 죽음 이후에 대한 궁금증은 사후 세계는 어떨 것인지 하는 의문뿐만 아니라 더욱 전쟁터에서 동료의 죽음을 보면서 자기도 언젠가 저렇게 죽지 않을까 했던 어느 병사의 전쟁터의 모습들을 적은 책을 읽고 나서 더 증폭되어 더욱 성경을 자주 읽는 습관을 갖게 하였다. 며칠 전에도 마음이 뒤숭숭하고 뭔지 모르게 울적하여 성경을 펴고 읽다 구약 성경 가운데 이해할 수 없는 부분이 있어 여러 번 읽고 또 읽었다.

특히 〈창세기〉 19장 32절에서부터의 내용이 이해가 잘 안 됐다. 아버지에게 술을 들게 하고 딸이 누웠다. 그러나 그는 '누웠다.' 라는 말의 뜻을 몰랐다. 아버지가 술에 취해 누웠으니 혹 이물질이 넘어가 기도를 막는 등 잘못될 수도 있을 것 같아 예방 차원에서 딸이 누워 살피는 것이 뭐가 잘못되었는가? 그게 무슨 흉인가 생각했다. 그러나 그는 딸이 누웠다 일어난 것을 몰랐다. 그리고 딸은 아들을 낳았다.

이 구절에서 '아, 그런 뜻은 아니었구나.' 생각하면서 '누웠는데 딸이 아들을 낳았다.' 이 대목을 보니 몇 개월 전 나이트클럽에 친구와 함께 갔던 일이 생각이 났다.

못 먹는 술을 먹었다. 괴로움을 잊으려고 겁도 없이 주는 대로 받아 마셨을 뿐만 아니라 자기 손으로도 물 마시듯 먹었다. 그렇게 무지하게 몸이 상할 정도로 술을 퍼 먹었으니 인사불성(人事不省)이 되지 않는 것이 도리어 이상할 정도였다. 그날은 정신을 완전히 놓았다. 정신없는 나를 데려다주려 업고 가는 대학생에게 친구는 "마님을 잘 부탁합니다." 하고 우스갯소리로 인사까지 했다 한다. 집으로 데려다줄 것으로 믿었으나 아마 내가 등에 업혀 가면서 집이 어디냐고 물어도 대답을 하지 못했을 테니 여관에 갔을 것이다. 그러니 대학생의 일방적인 잘못은 아니지만 인사는 했다 하나 서로가 잘 알지 못하는 사이임에도 업혀가는 어린 여학생의 사정은 조금도 생각지 않고 옆에 누웠는가? 그렇다면 그때 아이를 낳을 수 있는 일들이 있었다는 뜻이 아닌가? 하늘이 하얗게 변한다. 이를 어쩌지 하고 자신의 처지를 헤아려보니 하늘이 캄캄해진다.

자기와 살을 섞은 여학생의 처지는 조금도 생각지 않고 자신의 욕망을 쫓아 그 찌꺼기를 열려 있지도 않은 아름답고 작은 궁전에 쏟아붓고는 아무도 모르게 은폐인지 엄폐인지 교묘히 정리해놓고 시치미를 뚝 떼려는 아무 짝에도 쓸모없는 양아치 같은 그런 대학생이라면 찾을 필요도 없고 찾아도 인생에 조금도 도움이 되지 못한다고 생각하며 무슨 일이 있더라도 아이를 낳아 키우며 이 세상을 헤쳐가리라 마음을 굳게 먹는다.

그러나 지금의 처지로 내 모든 사정을 만천하에 이실직고하고 도움을 청할 수 없는 노릇이다.

고등학교 3학년 여학생이 아이를 낳다.

신문기사 감으로 좋을지 몰라도 자기 가족에게도 말하기도 어려운 일이고 어느 누구도 당하면 해결하기 쉽지 않은 일이니만큼 여러 사람이 안다면 그 파장은 엄청 클 것이다. 더욱이 학교 얼굴에 먹칠하는 것은 말할 것도 없고 담임 선생님이며 회사며 일파만파로 일이 크게 번질 것이다. 학교를 그만두어야 하는 것은 말할 필요가 없다.

지금 설정(薛貞)의 처지는 적막강산이다. 누구 한 사람 의논 상대가 없다. 하나 있는 오빠는 어머니 돌아가신 것도 모르고 지금까지 어디에서 무엇을 하는지 알 수 없다. 지금 오빠가 안들 아무런 도움이 되지 않을 것이 뻔하다. 모르는 것이 더 좋을 수 있다는 것은 오빠를 두고 하는 말이라 해도 과언이 아니다.

버스를 타고 가면서 많은 생각을 했지만 이런 처지로 어머니 무덤에 가서 운다는 것도 더욱 어머니를 욕되게 하는 것이란 생각과 성공하지 않으면 다시 찾지 않겠다는 각오를 흐트러트리는 한갓 철없는 여학생의 치기(稚氣)라는 생각이 가는 길을 가로막았다. 중간에 버스에서 내려 다시 차를 갈아타고 자취집으로 돌아왔다.

어떡하라고

어떡하라고 어머니
천지간에 나 혼자 두고
하늘나라로 떠나신 어머니

나 어떡하라고
눈에 눈물이 고인다.
차갑지 않은 바람이 차가운 것은
이 세상에 혼자 버려진
가여운 인생이기 때문이다.
마음속에 바람이 인다.

아무리 생각해도 혼자서는 해결책이 보이지 않는다. 기숙사를 나올 때 사감님이 하신 말씀도 있었고 자취방까지 찾아오시어 집주인에게 부탁하신 것이며 그 이후에도 가끔 만나 뵈옵고는 그간의 일들을 말씀드렸다. 아무리 생각해도 의논할 분은 기숙사 사감님 한 분밖에 없었다.

혼자서는 도저히 어떻게 해야 좋을지 몰라 주인 아주머니께 전화를 좀 쓰겠다고 말씀 드리고 허락을 받고 나서 사감 선생님에게 전화를 드렸다.

"찾아뵈옵고 상의 드려야 하는 줄 알지만 그럴 사정이 되지 못하여 말씀 올립니다. 기숙사 외에 어디 시내 음식점이나 찻집에서 말씀드리고 싶습니다."

전화를 드렸다. 기숙사에 가서 말을 할 수 없다 하니 무슨 일인가 많이 걱정하시면서 조금도 주저하지 않으시고 일요일에 조용한 한식점에서 12시 30분에 만나자 하신다. 음식집은 알아듣기 쉽게 말씀해주셨다.

한방 친구에게는 시골 가서 아직 오지 않았다고 얘기하라 하고는 친구에게는 몸이 아파 그런다며 토요일 하루를 더 결근하고 사감님을 뵈러 약속 장소에 갔다.

친구는 많이 걱정스러워 한다. 자기는 가끔 놀기 위해서도 결석을 하는 편이지만 설정(薛貞)은 한 번도 결석을 하지 않던 애다. 그런데 이틀을 계속 결석을 하니(임신은 눈치 채지 못하고) 안절부절못한다. 그래도 회사에 가서는 시골서 아직 오지 않았다고 설정(薛貞)이가 한 부탁을 곧이곧대로 얘기한다.

처음 찾아가는 곳이지만 서동 로터리 정류소에 내려 서곡 여울 가는 방향을 따라 우측으로 돌아가니 간판이 보인다. 안으로 들어가니 자그마한 연못에 적당한 간격으로 나무가 여러 그루 심겨 있다. 이름도 여울목이다. 멀리서 돌아나오다 나그네 발길 멈추게 하는 그러한 느낌을 주는 집 이름이다. 집안도 아담하고 아늑하다. 은밀한 이야기를 하기엔 아주 적당한 식당이다. 종업원이 반갑게 인사를 하면서 별채로 안내한다. 아마 선생님이 미리 일러둔 모양이다.

선생님은 벌써 와 계셨다. 가볍게 목례를 드린다. 사감님을 뵈옵자 자신도 알지 못하는 사이에 눈에 이슬이 맺힌다. "선생님." 하면서 빠른 걸음으로 다가가 안긴다. 사감님은 앉은 자리에서 설정(薛貞)을 안으며 탁탁 등을 두드려 주시면서 잠깐을 그렇게 있다 설정(薛貞)이 뒤로 물러나자 자리를 잡고 마주 보고 앉는다.

사감 선생님께서 컵에 물을 따라주시면서 입을 축이라 하신다. 컵을 들고 입술을 적시고 난 후 천천히 입을 연다.

"선생님 저 어쩌면 좋아요."

울음 섞인 목소리가 긴 한숨과 함께 밖으로 나온다. 선생님은 우선 무슨 일인지 알지 못하시니 학생의 입만 쳐다보신다.

긴 한숨 끝에 지난 7개월 동안에 오빠가 어머니에게 애를 먹이며 자기가 어머니에게 송금한 돈을 노름으로 탕진한 일로 인해 어머니께서 심히 걱정하시다가 뇌출혈로 돌아가신 것을 알렸다. 오빠는 장례 때에도 나타나지 않고 지금까지도 어디에서 무엇을 하는지 모른다며, 어머니를 뵈러 시골에 다녀왔을 당시 여러 가지 일로 속이 상해 친구와 같이 나이트클럽에 가서 있었던 일을 말했다. 만취되어 인사불성으로 자기도 모르게 여관방까지 업혀 갔었는지, 부축을 받으면서 갔는지는 모르지만 여관에서 자고 아침에 일어나 보니 함께 간 사람은 누구인지 몰랐으며 보이지 않았다고 했다. 그 후 친구 말로는 그날 처음 인사한 대학생이었다 하는데 아침에 일어나 보니 모든 것이 잘 정돈되어 있었으며 몸에도 다른 특별한 이상이 없었다고 말씀드렸다. 그래서 어떤 마음 착한 대학생이 여학생인 자기를 불쌍히 생각해서 기사도 정신을 발휘했었는가 보다 고마워하고 있었는데 구역질이 나고 신물이 올라와 최내과에 갔더니 간단한 진찰만 하시고는 산부인과에 가라는 의사 선생님 말씀에 의아히 생각하며 산부인과에 갔더니 임신이라고 했으며 진찰 결과 7개월이 넘었다 하는 것까지 말씀드렸다.

긴 시간 띄엄띄엄 다 말씀을 드리고 나니 후유 한숨이 절로 나온다. 말씀을 다 듣고 나서도 선생님은 한참이나 아무 말씀이 없으시다. 연민의 눈으로 설정(薛貞)을 바라보기만 하신다. 아마 섣불리 얘기할 일은 아닌 것 같은 모양이다. 깊은 생각에 잠기신다.

한참 만에 무겁게 입을 여신다.

"정(貞)아, 너는 어떻게 하려 하느냐?"

먼저 학생의 의견을 물으신다.

설정(薛貞)을 보는 선생님의 눈에 부모도 없이 객지에서 아등바등 고생하는 자기 딸 같은 아이에 대한 깊은 연민이 스쳐 지나간다.

"선생님, 제 나이는 어리지만 그래도 하느님이 저에게 주신 생명인데 낳아서 잘 키우고 싶습니다."

당돌하나 자기 소신이 뚜렷하다.

선생님이 말씀하신다.

"설정(薛貞)아, 생각은 장하다. 그러나 어려움이 너무 많을 텐데…. 그리고 하던 공부는 어쩔 것이냐? 또 한창 꿈을 키울 나이에 잃는 것이 너무 많지 않느냐?"

하시면서 한 번 더 깊이 생각해 보라 하신다. 사감님은 은근히 아이를 지우라는 뜻으로 말씀하시는 것 같다.

"선생님! 그런데요, 지금은 아이가 너무 커서 낳을 수밖에 다른 도리가 없다 합니다. 벌써 7개월이 넘었다 합니다."

'7개월' 이란 말에 힘을 주며 한 번 더 말씀을 드렸다.

"의사 선생님이 그렇게 말씀하셨습니다. 지금은 어쩔 수 없다고 합니다. 저도 낳아 기르고 싶고요."

다시 한 번 더 띄엄띄엄 말씀드렸다. 선생님은 입맛을 쩍쩍 다시며 짧게 한숨을 쉬신다.

"그럼 어떻게 하려 하느냐?"

먼저 또 본인의 생각을 물으신다.

"선생님, 전 앞으로 어떻게 해야 될지 모르겠습니다. 회사에 계속 근무하고 싶습니다만, 이곳에 있는 것은 어려울 것 같습니다. 선생님! 다른 방법을 한번 찾아 가르쳐 주시면 하고 여쭙니다."

말을 마쳤다. 또 선생님은 무엇인가 골똘히 생각하신다.

"설정(薛貞)아, 네 말대로 이곳에 계속 있기에는 보는 눈도 있고 또 아는 사람들이 너무 많다. 그리고 회사며 학교며 모든 것이 만만치 않다. 너를 두고 사회 전체가 전후 사정도 모르면서 찍고 까불고 가만두지 않을 것이다. 그러니 네 말대로 이곳을 떠나는 것이 좋겠다."

하시면서

"서울로 가거라. 여기보다는 서울은 모든 사람이 바쁘게 살아서 남의 일에 그렇게 관심을 두지 않을 것이다. 아이 하나 데리고 살더라도 그렇게 입방아를 찧고 야단스럽게 하지 않을 것이다."

그러시고는

“내 친한 친구가 청계천에서 지금 네가 하는 그런 일을 한다. 그런데 너하고 다른 것은 너는 회사에 속해 있지만 내 친구는 독립해서 회사에서 주는 재단물을 받아와 그것을 완제품으로 만들어서 납품하고 장당 공임(단가)을 정해서 받는다. 자기가 일한 만큼 받으니 수입은 공장 생활보다는 좀 나을 것이다. 아마 정(貞)아, 네가 가서 일하면 네 수입도 지금보다 훨씬 많을 것은 확실하다. 네가 일하는 솜씨를 보면 회사 측에서도 많이 좋아할 것이다. 그 회사는 그렇게 여러 곳에 재단물을 받아와 완제품을 모아서 검사만 철저히 하여 수출하는 회사이다.”

한 번 결론을 얻으니 청산유수와 같이 말씀하신다. 설정(薛貞)은 선생님 말씀이 끝나자 더 생각할 이유도 없이 그렇게 하겠다고 대답한다.

“지금 당장이라도 올라가서 애를 낳기 전까지 일을 해서 신용을 쌓아라. 아이를 낳은 후에는 산후 조리 등으로 시간이 필요할 것이니 그때 내 친구의 도움을 받으면 한 2, 3개월 짬을 얻을 수 있을 것이다.”

하시는 것이다. 사감 선생님은

“지체할 것 없다. 정리되는 대로 올라가라. 이런 일들은 빠르면 빠를수록 좋은 것이다.”

말씀을 마치시고 설정(薛貞)의 의견을 물으신다.

“예! 선생님 말씀을 따르겠습니다.”

다음 일주일은 서울에 가기 위한 준비 기간으로 정했다. 그런데 선생님도 회사에 연차를 낼 터이니 함께 올라가자는 것이다. 오늘 바로 친구에게 전화를 해서 네가 있을 마루가 딸린 방이나 아니면 두 칸 자리 방을 얻어 놓으라고 이르겠다 하셨다. 이후 설정(薛貞)이가 내려는 밥값을 기어코 선생님이 지불하시고 헤어지면서 회사 사직 등 일처리는 빨리 끝내고 자취방은 친구에게 잘 부탁해서 같이 쓸 다른 친구를 알아보라 이르시고 헤어졌다.

선생님과 헤어져 자취방으로 돌아오면서 한편 홀가분하고 개운한 마음 없지 않으나 여기 뒤처리와 서울에서 새로운 삶, 그리고 또 하나의 생명과 만남이 무척 거북하기도 했다. 몸에서 뗄 수 없는 하나의 혹 같다는 생각이 든다. 그리고 지금까지 객지에 홀로 나와서 낯선 공기 마셔가며 일하고 기숙사 생활을 했던 정든 곳을 떠나는 데다, 소풍 가고 학예회 하는 등 믿고 의지하며 3년 가까이 함께했던 얼굴들을 더 볼 수 없다는 생각을 하니 코끝이 찡하다.

요즈음 며칠 간 결근하고, 이젠 그만두어야 하는 사유로 하나뿐인 오빠가 교통사고로 6개월 진단을 받아 서울 어떤 병원에 입원했는데 간호할 사람은 자기뿐이라 어쩔 수 없다고 말씀드렸다. 윗분들은 어느 누구도 의심하지 않고 그간 고생 많이 했다면서 승낙해주셨다. 퇴직금과 월급이며 여러 가지 금전적인 것들은 박 양 언니가 총무과며 금고며 여러 곳을 다니며 두 번 갈 필요 없이 일시불로 모두 말끔히 정리를 해주었다.

그래도 자기를 아껴주셨던 과장님께 말씀드리는 순간에는 자신도 모르게 울컥 눈물이 난다. 팔을 붙잡고 울면서 말씀드렸다. 여러 간부가 섭섭하게 생각하셨고 더욱 사무실 박 양 언니는 동생을 객지로 보내는 것 같다면서 울먹이며 많이 섭섭해 한다. 그간 모든 분에게 넘치게 사랑을 받았다. 어쨌거나 거짓말까지 하면서 회사를 그만두려 하니 무척 마음이 아프고 죄송스럽다. 더욱이 박 양 언니와의 우정은 두고두고 잊을 수 없을 것이다.

회식 날은 회사 인근 식당에서 조장 이상인 이들과 마지막 시간을 가졌다. 특별히 한방 친구도 함께 참석했다. 친구는 헤어지는 나를 위로해주며 소식 전해 달라 말한다. 그리고 지난 일은 잊는 것이 좋다며 그날 그 나이트클럽에 있었던 일은 악의 없이 대학생을 너에게 소개해 주려고 약속한 것인데 무슨 다른 일 때문에 그치들이 너무 늦게 와 계획이 틀어졌다면서 네가 너무 술에 취해서 너를 집까지 데려다주라고 부탁했다고 했다. "그래도 아무 일 없으니 다행이다, 얘." 하면서 자기도 그날 너랑 같이 본 대학생과 사귀다가 이제는 만나자 해도 계속 피한다면서 잊으려고 한다고 솔직하게 고백해 주었다.

아직까지 어둠에 싸여 있던 그날 일들이 친구의 몇 마디 말에 다 밝혀져 내가 결심한 마음이 바르고 정확했다는 것이 다시 한 번 확인되었다. 변한 것은 하나도 없다. 친구가 잊으려 한다는 그 남자의 친구를 찾아가서 다시 끈을 잇는다 해도 그

끈이 원래대로 흠 하나 없이 될 수 없는 것은 분명하다.

친구가 사귄다는 그 남학생이 알려 줄 리도 없지만 어떻게 해서 안다 해도 설정(薛貞)의 자존심이 허락하지 않는다. 혹 남자 쪽에서 알려 해도 알려주지 말아야 한다는 것이 설정(薛貞)의 생각이다. 다시 한 번 지금 생각하고 있는 그대로 갈 길을 가는 것으로 마음을 굳혔다. 아이를 배 속에 심은 그 대학생은 이미 아이를 가졌다는 사실을 안 그날 벌써 이 세상에 존재하지 않는 죽은 사람이 되었기 때문이다.

대학생이라면 자기가 저지른 짓이 어떤 일이라는 것을 너무나 잘 알 것인데 엄폐인지 은폐인지 완벽하게 뒤처리를 해 놓았다고 생각한 것인지, 아니면 붉은색 푸른색이 길가에서 방안을 비춰주는 곳의 화장발 짙은 아가씨들이 웃음을 파는 그 곳에서 잠깐 동안 욕정의 찌꺼기를 쏟아놓고 지폐 몇 장을 던져주고 발길을 돌리는 욕망을 주체치 못하는 속된 젊은이가 저지른 일같이 생각했는지…. 겉으로 완벽하게 지웠어도 속으로 들어간 수억 마리 중 하나가 생명이 될 수도 있다는 그 불완벽성을 그는 몰랐던 것일까? 아니면 그 완벽성을 믿었던 것일까? 설정(薛貞)이기에 용케도 인간 같지 않는 인간으로, 아니 이 세상 사람이 아닌 것으로 끝나 버렸다. 그 대학생은 하룻밤 객기를 부린 사람이 되고 말았다. 대학생이라니까 엉겨 붙으려 생각하는 어느 정신 나간 여학생이었다면 대가를 혹독히 치를 위인이다. 이러한 것을 두고 불행이라 해야 할지 다행이라 해야 될지 모르는 것이다.

설정(薛貞)은 그날 괴로움을 잊으려 먹은 그 술 때문에 이렇게 더 큰 고통을 더 큰 괴로움을 겪어야 하는데, 그 대학생은 하룻밤 욕정에 눈이 멀어 저지른 일로 지금쯤은 조그마한 가책이라도 마음에 두고 있긴 할까? 남자는 배설하는 것으로 끝일지 모르지만 여자는 그 배설물과 함께 받아야 한다. 그것은 신이 택한 일 중에 산고의 고통, 먹여 살리려 땀 흘리는 고통과 함께 인간에게 준 벌로는 너무 불공평해 현대 사회상까지 염두에 둔 징벌은 아니지 싶은 마음이 들었다. 여자의 벌이 더 크다는 생각은 신께서도 실수하셨는지도 모른다는 생각을 가져본다.

아무도 배웅해 주는 이 없는 플랫폼에서 사감님과 함께 밤 열차를 타고 긴 시간 서울로의 여행을 시작한다. 앞으로 설정(薛貞)에게는 어떤 인생 여정이 기다릴까?

사랑하는 친구들이여 잘 있어라. 그리고 많은 사랑을 베풀어 주신 과장님과 여러 간부님들, 생각지도 못한 저의 잘못으로 몸을 망쳐 헤어집니다만 언제 다시 뵈옵는 날에는 정말 성숙한 여인의 모습으로 반듯한 사회인이 되어 만나 뵐 수 있도록 노력하겠습니다. 어디에 무엇을 하든 떳떳한 사람이 되어 있겠습니다. 특히 사무실에서 일하시는 박 양 언니 너무 고맙습니다. 동생같이 친구같이 항상 나를 아껴주시고 챙겨 주셨는데 사실대로 말하지 못하고 떠남을 용서해 주십시오.

그렇게 많은 시간이 지난 뒤가 아닌 가급적이면 박 양 언니가 회사를 그만 두기 이전에 소식 전할 것을 마음속으로 머리를 숙이며 약속을 한다.

아무리 객지에서 오다 가다 만난 사이라 하더라도 인간관계는 그렇게 칼로 두부를 자르듯 되는 것은 아니라 생각이 든다. 인간의 마음, 그게 참 묘해서 아무리 자기에게 잘 해주어도 싫은 사람은 싫은 것을 어찌할 수 없고 자기에게 못해준 사람이지만 좋은 것 또한 어찌할 수 없는 것이다. 더욱 박 양 언니는 자기에게 잘해 주었을 뿐만 아니라 인간 그 자체가 좋은 것을 어찌할 수 없는 일이다. 서로가 좋아하는 것은 굳이 서로 말하지 않아도 이심전심으로 마음을 다 읽을 수 있는 사이가 되었던 것이다.

진실을 말하지 못하고 떠나는 한방 친구에게도 미안한 마음 없지 않다. 따지고 보면 이런 사달은 순전히 한방 친구의 빗나간 그 계획이 원인이다. 내가 술에 많이 취했을 때 친구가 함께 자취방을 가든지 아니면 통금 시간이 가까워 어쩔 수 없었다면 여관이라도 함께 갔다면 이런 일은 또한 일어나지 않았을 것이다. 그렇게 생각하니 친구가 무척이나 원망스럽다. 그러나 내색할 수도 없는 일이다. 세월 흘러 어느 날 무슨 말을 하더라도 흉허물이 되지 않을 정도의 연륜이 쌓여 지나간 날 가슴 아픈 기억도 하나의 추억으로 이야기할 수 있을 정도로 상처가 아물었을 때 혹은 아무렇지도 않게 말을 할 수 있을 때가 있을 것이다. '그때까지만 참아주겠나, 친구여.' 하면서 원망하는 마음을 다스리고 한방 친구와도 헤어질 수 있었다.

7시간이면 도착하는 서울에 1시간이나 더 걸려 새벽에 도착했다. 사감 선생님 친구 분이 마중을 나오셨다. 차 속에서 선생님의 친구 분이 청계천 근방에 일감을 주는 회사와 가까운 곳에 마루가 딸린 방 한 칸을 얻었다 하시며 아침밥을 먹고 그리로 가자고 말씀하셨다.

서울에서의 새 생활을 시작하는데 사감 선생님께서 함께 올라오셔서 친구 분 소개며 회사 일감을 받도록 무리 없이 잘 추진해 주셨다. 마루에다 공업용 발틀 한 대와 필요한 가위며 여러 가지 도구를 선생님 친구 분께서 도와주시어 쉽게 마련할 수 있었다. 방에는 조그마한 창고 겸 침대를 놓고 잠을 잘 수 있도록 꾸몄다.

알고 보니 청계천 섬유회사는 사감 선생님의 사촌 동생이 사장이시다. 선생님 친구 분께서도 어려울 때 선생님의 도움을 많이 받았으며 일감을 받는 데도 선생님의 소개로 인연을 맺었다. 지금은 어느 정도 기반을 잡으시고 어려울 때 자기 처지를 생각해 여러모로 남을 도우려 마음을 쓰고 짬을 내어 봉사활동을 하시며 사시는 훌륭한 분이시다.

사감 선생님은 한 사흘 계시는 동안 낮에는 설정(薛貞)의 일을 도와주시고 밤이면 모처럼 서울 올라왔으니까 친척을 만나시고 바쁜 일정을 보내시다 다시 근무하는 회사로 내려가셨다. 가시는 날 아침에 설정(薛貞)의 방에 오셔서 어려운 일이 있으면 자기 친구와 의논하라 하시면서 특별히 친구 분에게 잘 부탁한다 말씀드리고 이번에도 특별히 주인집 아주머니를 뵈옵고 진지하게 여러 말씀을 하시면서 자기가 어머니와 같은 처지이니 자기를 믿고 설정(薛貞)이를 잘 부탁한다 하셨다. 사감님 친구와 함께 있는 자리에서 서울 사람들에게 기죽지 말라며 우스갯소리를 하시고 내려가셨다.

일감은 회사에서 가져다주며 다 만들면 회사에서 도로 가져간다. 백색전화 한 대를 특별히 신청하여 마루에 두고 원청회사와 연락을 주고받는다. 기술만 있으면 얼마 되지 않는 돈으로 자기 사업을 할 수 있으니 설정(薛貞)에게는 더 할 수 없는 맞춤형 사업이라 해도 과언이 아니다. 재단물은 방구석에 쌓아놓고 일부는 재봉틀과 같은 높이로 만든 함에 두고 일을 시작했다. 생각보다 쉽지 않았다. 밥 먹고 한 일이 그 일인데도 어렵다. 그때는 한 공정만 잘하면 되는 일이지만 여기 일은 모든 공정을 잘해야 하기 때문에 힘이 더 든다. 그래도 조장을 하면서 결근을 하거나 밀리거나 하면 이 공정 저 공정 모든 공정을 해봤기 때문에 그렇게 어렵지 않았다. 모든 공정을 잘하는 작업자를 회사에서는 통상 스페어(Spare)라고 칭했다. 설정(薛貞)은 조장이면서 일할 것을 챙기는 짐꾼이며 스페어(Spare) 출신이다.

서울에서는 아는 사람도 없을 뿐만 아니라 갈 곳도 없으니 일에 파묻혀 살았다. 시장에 다녀오고 밥해 먹고 마당에 나가 조금 운동하고 그 외는 일하는 것이 하루 일과다. 크리스마스도 언제 지나갔는지 몰랐다. 일감을 가져오는 직원이 "성탄을 축하합니다." 해서 크리스마스인 줄 알았다. 같은 말로 "축하

합니다." 하며 머리 숙이는 것으로 인사를 대신했다. 물건을 갖고 왔을 때는 수량 파악을 하면서 직원과 커피 한 잔을 나누며 이야기를 한다. 직원과 이야기하는 가운데 직원 관리가 엄격하며 포용력을 갖춘 회사임을 알 수 있었다. 말을 할 때도 항상 회사를 먼저 염두에 두며 생각하면서 말을 한다는 느낌을 받았다. 양력 설도 일 속에 지나갔다. 양력 설은 없애야 한다, 전통 그대로 지켜야 한다, 말들이 많더니 올해도 어떤 결론을 내리지 않고 하루 쉬는 것으로 어정쩡하게 지나간다. 그러나 설정(薛貞)은 양력 설에도 쉬지 않고 일을 했다.

초등학교 다닐 때 한반 짝꿍 친구는 자기 아버지가 교장이라서 그러한지 양력설을 지냈다. 공휴일도 국경일도 방학도 모든 것을 다 양력을 사용하면서 설만 음력으로 하는 것은 이치에 맞지 않다는 게 교장 선생님의 주장이시라 오래전부터 양력설에 쉬었다. 어차피 세월 흐르면 음력설은 없어질 것이며 양력설이 대세가 될 것이라는 논리이니 먼저 쉬는 것은 선견지명이 있다고 생각하시는 모양이었다.

곧 없어질 것 같은 음력설도 많은 이들이 전통은 지켜야 한다는 논리로 우겨댄다. 요즘 숫자에 눌리고 또 선거철이 다가오다 보니 유권자의 눈치를 봐 쉽게 없어질 것 같지는 않다.

한 번 조상님들에게 고하고 설을 바꿔 지내시는 분들은 다시 음력설로 바꾸는 것도 조상님들 보기에 면목 없는 일이다 보니 정부 정책 따라 본의 아니게 혹 조상님들 제삿밥 얻어 자시는 날이 헷갈리지 않으실까 걱정된다.

서울에 온 지 얼마 되지도 않았지 싶은데 마감을 하고 결산을 했다. 설정(薛貞)이가 만든 완제품 중에는 검사에서 불합격된 제품이 한 장도 나오지 않았다. 담당자가 처음하는 일을 어떻게 그렇게 완벽하게 하는지 감탄한다. 그리고 고맙다 말한다. 아마 다른 담당자가 관리하는 업소에는 불량품이 다수 나오는 모양이다. 불량품은 회사도 손해이고 하청 받은 곳은 더욱 손해이다. 왜냐하면 완제품이 불량일 때는 공임에서 발생 불량품 수만큼 손실 금액을 빼고 나머지 금액을 지급하기 때문이다. 심한 경우엔 원단 값을 계산하여 물어 주어야 하므로 비용이 만만치 않다. 이럴 때는 앞으로 남고 뒤로 밑지는 장사가 된다.

한 달 결산 결과 회사에서 조장으로 근무할 때보다 2배 정도의 수입을 올렸다. 기쁜 마음으로 당장 선생님께 전화를 드렸다. 선생님께서는 네가 열심히 일을 했으므로 그러한 결과가 나온 것이라며 칭찬하신다. 그리고 너무 들뜨지 말라 하시면서 '서울 깍쟁이' 라는 속담도 있다면서 한층 더 조심하라는 당부의 말씀을 하셨다.

이번에는 선생님께 전화 한 통으로 고마운 마음을 드렸지만 다음 달에는 별도 마음을 표시해야 하겠다 생각한다.

선생님은 과한 어떤 친절이나 표시 또는 말 등은 무척이나 싫어하신다. 자기 분수에 맞는 선물은 받는 사람도 부담이 없고 주는 사람 역시 무리하지 않으니 좋은 것이다. 무엇이든 과한 것은 뇌물이며 아첨이며 더욱이 윗사람이나 권력을 가진 사람에게 하는 것은 자기 양심을 파는 일이다. 선물을 받는 사람이 제대로 된 사람이라면 과한 선물을 받았다면 응당 그것을 거절할 것이다. 그러니 무리하게 주는 사람은 자기 신용을 한 단계 떨어뜨리는 결과를 낳는 것이다. 과유불급(過猶不及)이라는 말도 있다. 과한 것은 도리어 모자람만 못하다는 말이다. 자기 분수를 알아야 한다는 말씀도 해주셨다.

이렇게 사감 선생님은 친자식같이 모든 일에 신경을 써 주셨다. 하늘 아래 의지할 곳 없었던 설정(薛貞)으로서는 사감 선생님은 부모이며 언니이며 혈육보다 나은 혈육 그 이상이다 말해야 할 것이다.

지금까지는 겨울이면서도 겨울답지 않게 그렇게 춥지 않았다. 자주 눈이 오기는 했으나 눈 올 때가 춥지 않다는 그 말이 맞는 모양이다. 원청업체에서 가져다준 일감은 자기의 노력 여하에 따라 얼마든지 공급해 줄 수 있기 때문에 배 속의 애를 위해서도 필요한 시간 외에는 일에 매달렸다. 같은 일의 연속이지만 실적에 따라 올라가는 돈의 액수를 생각하면 태어날 아이를 위해서라도 더 많은 돈을 벌어야겠다며 일에 대한 욕심이 대단해진다.

눈이 내리는 어느 날이었다. 아침을 먹고 불러오는 배를 어루만지며 잠깐의 휴식 시간을 가졌다. 서울이라는 이 낯선 땅에 자리 잡으려 지금도 열심히 일을 한다. 앞으로도 열심히 일을 할 것이다. 일 속에 파묻히다 보니 모든 잡념을 잊을 수 있었다. 일의 중요성은 먹고살기 위한 한 방편으로서뿐만 아니라 일 자체가 여러 가지 생각을 말도록 도와준다. 일에 파묻혀 혹 잘못 박음질이 되지 않을까 집중하다 보면 잡념이 생기지 않아서 더 좋다. 정신 건강에 좋고 노동은 건강한 육체를 주는 원동력이라는 생각을 가져본다. 설정(薛貞)은 일할 때도 집중력이 매우 높다. 공부할 때도 보면 조그마한 밥상을 갖다 놓고 그 앞에 앉아 꿈쩍도 않고 몇 시간이고 앉아 있다. 발이 저릴 텐데 아마 그렇지 않은 모양이다.

그렇게도 생각에서 떠나지 않던 어머니의 그 슬픈 모습도 일에 매달려 바삐 손발을 놀리다 보니 어느새 줄어든다. 어머니께서도 하늘나라에서 아래를 내려다보시며 이제는 딸 걱정은 하지 않아도 되겠다 생각하셨는지 꿈에도 나타나지 않으신다. 아니면 하늘나라 생활도 반년 가까이 되었으니 어느 정도 정이 들어 지상으로의 나들이는 혹 잊으신 것은 아니신지 생각해 본다. 설정(薛貞)이도 일에 묻혀 그런지 요 며칠 동안은 어머니의 모습이 한 번도 떠오르지 않았다. 일 때문인지 가는 세월 때문인지 알 수 없지만 차츰 어머니의 모습도 뜸해지려 했다.

오늘은 창밖 내리는 눈이 솜사탕 같다. 훨훨 춤추며 내리는 눈이 온 공간에 가득하다. 하늘을 향해 입을 벌리고 서 있으면 금방 한 입 가득할 채워질 것 같다. 저 눈이 쌀이라면 어쩌면 부족한 식량은 걱정하지 않아도 될 것 같다는 생각이 들기도 한다. 그러면 그 지긋지긋하게 먹기 싫었던 꽁보리밥을 먹지 않아도 될 터인데 하는 엉뚱한 생각에 웃음이 난다. 그런데 갑자기 하늘에 내리는 눈 속에 어머니의 얼굴이 보인다. 눈을 맞으면서도 빙그레 웃으신다. 눈이 꽃이 되어 어머니의 얼굴을 덮는다. 그러다가 어느 순간 바람이 몰아친다. 어머니의 얼굴도 눈 속에 파묻혀 보이지 않는다.

가만히 보니 쏟아지는 눈은 순서가 없다. 차례대로 내리면 온 들판이 고르게 눈이 쌓여 한결 보기도 좋을 것인데 한 송이 두 송이 순서대로 내리다가도 바람 한 번에 뒤엉킨다. 먼저도 없고 나중도 없다. 휘저으며 어디론가 날아가 버린다. 그러다 보니 차곡차곡 쌓이지 않고 여기저기 쌓인 곳이 고르지 못하다.

세상 모든 것의 경주(競走)는 공평해야 하는데 취직 시험이 그렇고, 각종 자격시험이, 각종 심사가 그렇다. 재판 또한 뒤틀리는 일이 없어야 하는데 그렇지 못한 일이 허다하다. 말로는 같다 하지만 그렇지도 않은 모양이다. 차례대로 내리는 하늘에 눈이 같이 조용히 내릴 때에는 순서가 필요하지만 한 번의 광풍이 흔들어 놓으면 지금까지 순서는 물거품이 되고 만다. 온갖 시험이나 심사나 자격도 재판도 휘몰아치는 눈처럼 될 때는 순서도 먼저도 없다. 뇌물이 오가고 권력이 이빨을 드러내고 온갖 인연들이 동원되면 알게 모르게 휘어지고 만다. 올바른 잣대로 바른 판단을 하고 어떤 것도 어느 곳도 무엇에도 흔들리지 않는 끄덕도 않은 방패막이가 있을 때 정직한 사회, 바른 사회가 되는 것이다.

어쩌다 보니 사회 병리 현상까지 생각하게 되었는가? 성숙은 어려운 가운데 자라는가 보다. 한 번도 생각지 못한 일들이 요즈음에는 불쑥 마음의 문을 열고 세상 밖으로 뛰쳐나온다.

한참을 필요 없는 많은 생각을 하면서 내리는 눈을 넋이 나간 사람처럼 보고 있었다. 어머니는 다시 얼굴을 보이시지 않는다. 바람 소리인지 인기척인지 무슨 소리가 났다. 혹시나 문을 열고 밖을 내다보니 마당에 휘날리는 눈발이 여기저기 부딪혀 내는 소리인 것 같다. 사람의 모습은 어디에도 없다. 밖은 창문에서 보는 것과는 많은 차이가 난다. 조용히 내리는가 했더니 그렇지도 않다. 바람 한 번에 열어 놓은 방문으로 눈이 뿌리듯 들어온다. 잠깐 얼굴에 닿는다. 깜작 놀란다. 갑자기 이 눈밭 속 어떤 투전판에서 또 어떤 사람들과 소리 지르며 다투며 내다버려 할 노름에 미쳐 있는지 그전에는 한 번도 생각나지 않던 오빠의 생각에 머리를 절레절레 흔들었다. 생각을 말자 다짐했지만 역시 핏줄은 어쩔 수 없나 보다.

지금 여기 오기까지 시골에도 연락을 하지 않았다. 또 공장에 연락을 한다 해도 사감 선생님만 아시니까 가르쳐 줄 사람도 없다. 오빠는 알려 해도 알 도리가 없을 것이다. 시골에 한 번 연락을 할까 해도 지금 처지로는 어림도 없는 일이다. 오빠도 많이 놀랄 것이고 나는 더없이 부담이 된다. 어머니가 오빠에게 이어지도록 다리를 놓으신 것일까? 잠깐 동안 상념에 젖다 깨어났다. 다시 생각하지 않기로 한다. 그러다 손을 놀리면서 생각은 오빠에게로 발길을 재촉한다.

서울은 전에 있던 곳이나 시골보다 눈이 많이 온다. 눈이 내릴 때에는 시골에 있는 강아지들도 꼬리 흔들며 좋다며 여기저기 뛰어다닌다. 전신주에도 소복하게 쌓인다. 눈을 보면서 시골에서 일이며 공장에서 일들이 생각난다. 공장에는 남쪽이라 온도가 높아 눈이 거의 내리지 않는다. 아마 눈 오는 날은 특별한 날이란 생각이 든다. 사는 사람 모두가 그 전날 무슨 좋은 일을 하고 좋은 꿈을 꾸어야 오는 것이 아닐까? 나름대로 생각해 보기도 했다. 그처럼 남쪽은 눈이 드물게 내린다.

그런데 서울에는 오고 벌써 여러 차례 눈이 내렸다. 처음에는 눈 오는 것도 몰랐다. 서울이란 낯선 곳에 와서 알아야 할 것도 많고 배워야 할 것 많아서 정신이 없었다. 자연 현상도 보고 듣고 느끼려면 마음에 여유가 있어야만 가능한 것을 이제야 알았다. 마음에 여유가 없으면 이웃집에서 굿판을 벌여도 모르는 것이다. 아니, 사람이 죽어 나가도 모른다는 얘기가 있는 것만 보아도 여유란 인간에게 없어서는 안 될 또 하나의 작지만 큰 소중한 재산인가 보다.

여유란 안정을 가져다주고 생각을 가다듬어주며 자기 주위를 돌아보게 한다. 그리고 인간관계를 반듯하게 할 수 있도록 자기 성찰의 기회를 제공하기도 한다.

이 겨울에는 일과 눈 속에서 시간을 보냈다고 해야 할 것 같다. 이젠 배가 아주 많이 불러 앞이 제법 불룩하다. 화장실 가는 것도 눈 속에 뒤뚱이며 가는 꼴이 갓난아이 걷는 모습과 닮은꼴이다. 아니, 저 먼 남극지방의 펭귄 여러 마리가 얼음 위를 뒤뚱이며 걷는 것과 같다.

원청회사에서 일감을 운반하는 직원들도 처음에는 모두 처녀이고 또 나이도 어려 보이는 설정(薛貞)을 보고 언제 일을 배워서 저렇게 잘 할 수 있나 혀를 차면서 놀라며 감탄했었는데 지금의 불룩한 배를 보고 또 한 번 놀란다. 그래서 회사에서 회사 모 상무의 세컨드라는 소문까지 나돈다 한다. 대꾸할 가치조차 없는 말이라 생각하고 내버려 둔다. 원래 소문은 변명하면 할수록 꼬리가 붙는 법이니까.

둘째 달에도 납품한 완제품에서 불량품이 한 장도 발생하지 않았다. 보고를 받은 상무가 어떤 분이 만든 제품인데 불량품이 한 장도 없느냐며 직접 한 번 방문을 해서 감사 인사라도 드리는 것이 좋을 것라는 밑의 사람의 의견을 수렴해서 와서 보시고는 아직 애티가 많이 나는 소녀 같은 모습에 한 번 더 놀라며 칭찬을 아끼지 않은 것이 전부이고 보니 소문이고 뭐고 할 것도 없는 실정이다.

상무도 사장께 처녀 같은 어린 나이에 일은 언제 배워서 그렇게 일을 잘하는지 놀랍다며 보고드렸다. 사장님이 누나인 사감님과 통화 중에 어리지만 좋은 사람을 소개 시켜주어 고맙다며 앞으로 크게 한 번 일을 맡길 수 있을 것 같다고 했다 하면서 사감님은 설정(薛貞)에게 더없이 좋은 일이라 전화를 해주셨다.

이젠 산달도 가까워 온다. 이달 마감 후 받은 공임은 전달보다도 조금 모자랐다. 중간에 설이 있어 원청회사에서는 설 휴가로 모두 5일 정도 쉬었으나 설정(薛貞)은 고향 갈 일도 없고 또 쉴 이유도 없어 하루만 쉬고 계속 미리 받아둔 물량을 소화했다. 그러나 2월은 큰달보다 3일이나 적은 달이므로 일한 날 수도 적다. 이달에는 설도 있고 해서 사감 선생님께 드릴 선물은 주인집 아주머니께 말씀드려 백화점에 가시어 아주머니 마음에 드시는 수수한 걸로 스웨터를 사서 우편으로 보내주십사 하고 부탁을 드렸다. 그간의 고마움을 간단하게 쓴 편지를 동봉하는 것은 물론 잊지 않았다.

그리고 설정(薛貞)은 설을 맞이하였으나 시장에 갈 수 있는 입장이 되지 못하여 주인아주머니께 부탁드려 어머니가 평소 좋아하시는 것으로 간단하게 차례 상을 마련한다. 밥상 위에 아버지 어머니의 사진을 얹어놓고 그 앞에 과일이며 몇 가지 음식만 장만하여 진열하고 혼자 절하는 것으로 첫 명절 제사를 대신하였다. 시골 있을 때에는 명절 제사는 어머니께서 다 준비하셨고 절은 오빠가 하니 설정(薛貞)은 할 일이 거의 없었다.

"아버지 어머니 이번 설에는 이렇게 간단하게 모십니다. 용서하시기 바랍니다. 다음 해부터는 제대로 설 차례 상을 차려 드리겠습니다."

이 말은 아버지 어머니께 드리는 다짐이기도 하고 자기 자신과의 지켜야 할 약속이기도 하다. 머지 않아 이젠 아이와 만날 것이다. 아이와 만나 같이 살아갈 날들을 생각하니 엄마에 대한 애절한 그리움도 보고 싶은 마음도 약해졌는지 설에는 울지도 않았다. 다만 오빠 생각에 잠시 목이 메어 먹으려던 밥이 목에 걸려 넘어가지 않았다.

억지로 국에 말아 한 술 뜨는 것으로 음복을 대신했다. 설날 아침에도 밥상 위에 둔 아버지 어머니의 사진 앞에서 양친을 뵈옵듯 다시금 다짐을 했다.

"할 수 있는 데까지 일을 하여 돈을 모아 태어나는 아이와 함께 잘 살겠습니다. 하늘에 계신 어머니, 저를 봐주시고 도와주세요. 어느 정도 기반이 마련된다면 고향에 소식을 물어 오빠를 찾겠습니다. 지금 사정으로 오빠를 찾으면 오빠도 놀랄 것이고 가슴만 아플 뿐 누구에게도 도움이 되지 않습니다. 어머니 맹세합니다."

혹 오빠 때문에 어머니께서 마음 상하실까 봐서 혼자서 소리 내어 진정으로 말씀을 드렸다.

주인집 아주머니와는 같은 집에 살다 보니 가끔 식사도 함께 나눈다. 한두 달 셋방 처녀와 살아보니까 행동거지며 마음씀씀이가 참 괜찮은 처녀임을 아시고는 정을 주시며 어쩌다가 저렇게 임신하여 홀로 아기를 낳아야 되는지 안타까워하신다. 아기 낳을 때도 병원을 가지 말고 산파를 불러 해산을 하면 자기가 산후 조리를 다 해주겠다하시며 그 살림에 병원 갈 생각은 엄두도 내지 말라는 것이다.

빠른 건 세월이라던가? 올해는 유독 눈이 많은 한 해였다. 눈으로 시작한 겨울이 눈으로 끝나는 것 같다. 3월 초가 되면서 날씨가 한결 풀리는 것 같다. 성급하게도 제주도 서귀포에는 벌써 꽃 소식이 있다며 방송이 호들갑을 떤다. 보통 한국의 봄에는 서귀포를 시작으로 꽃이 핀다. 다음은 부산 · 목포에서, 다음은 광주 · 대구에서, 다음은 서울로 이렇게 상경하는 것이다. 봄에는 잎이 먼저 피는 것이 아니라 꽃 먼저 피어 세상을 아름답게 꾸민다. 겨우내 추위로 지치고 삶에 지친 사람들이 아름다운 꽃을 보면 위로 받으며 힘을 내라는 뜻일 것이다. 그러고 나서 무수한 가지에 잎은 서서히 피어나 한여름의 더위를 잘 이겨내라며 그늘을 만드는 것이다.

원청회사에서 재단물은 보통 일주일 단위로 가져온다. 다른 거래처는 보름 단위이지만 여기는 창고며 물건을 놓아둘 곳이 마땅하지 않아 사장님의 특별 지시로 일주일 단위로 공급하기로 했다. 일주일분을 가져오고, 만들어 놓은 일주일분을 온 차로 가져간다. 받고 보내는 것은 거의 동시에 이루진다.

요즈음은 매일 아침 일을 시작하기 전에 회사 있을 때와 같이 간단한 맨손 체조를 한다. 엎드리기나 팔굽혀펴기는 안 한 지 오래다. 보통 팔 운동이며 무릎 관절 운동, 손가락 꺾기를 하는 것으로 운동을 마무리한다.

아무래도 몸이 좀 이상하다. 오후 일은 쉬기로 하고 뒤뚱뒤뚱하면서 택시를 타고 가까운 병원을 찾았다. 의사 선생님은 만삭의 산모가 처음 보는 분이라 어디에 사는지, 어느 산부인과를 다녔는지 물으시며 진찰을 하시더니 아이들은 건강하다며 산모는 지금부터 특히 더 건강에 신경 쓰라며 당부한다. 약이나 별다른 처방을 하지 않으시고 조심하시면 된다며 예정 산일을 물어보시고 급하면 택시를 타고 바로 오라 하신다.

집으로 왔다. 집주인 아줌마는 올 때가 되었는데 하면서 마루에 나와 계시다가 들어오는 설정(薛貞)을 보고 반가워한다.

"아무 일 없지?"

하신다.

"예."

하고 대답을 한다.

그제야 안심하시는 눈치이다.

가만히 생각해 본다. 이곳 서울에서도 또 여러 사람에게 도움을 받는다. 원청회사며 주인집 아주머니며 사감 선생님 친구 분이며 살아오면서 가족과의 관계에서는 불행했지만 그 외 단 한 번의 실수를 빼고는 다 좋은 사람들과의 인연으로 이어져왔다. 지금도 그렇고 앞으로도 그럴 것이라는 확신이 선다.

바느질은 엎드려 하는 일이기 때문에 앞산만 하게 부른 배를 안고 하니 배를 눌러 힘을 쓰기가 불편해서 공업용 재봉틀을 자신의 배 위까지 올라오도록 높여서 일을 했다. 한결 수월하다.

일주일분의 물량을 더 받았다. 이 물량은 무리가 아닐까 생각했었는데 운동은 괜찮다는 의사 선생님의 말씀을 믿기로 하고 더 받은 것이다.

재단물을 가져온 사원도 언제부터인지 호칭을 아주머니로 바꿨다.

"아주머니 괜찮겠습니까?"

걱정이 되어 묻는다.

"아직은 괜찮습니다. 걱정을 끼쳐드려 미안하고 고맙습니다. 다음 주일에도 오실 때 일주일분 더 가져다주세요. 제가 어려우면 바로 전화로 김 주임님께 말씀드리겠습니다."

운전기사는 근심스러운 눈으로 아줌마 배를 본다. 아마 애를 낳을 때가 다된 모양이라 생각을 하는 것 같다.

원청회사 차가 완제품을 싣고 떠나고 나니 한숨을 돌린다. 기지개를 펴면서 마당으로 나와 하늘을 본다. 3월초 하늘은 가을 어느 날같이 높고 푸르다. 뒤뚱뒤뚱 화장실에 갔다. 마루를 보니 따뜻한 봄볕이 완제품과 재봉틀 앞 좁은 마루에 들어와 주인인 양 앉았다. 잠깐 걸터앉아 봄볕을 맞는다. 따뜻하다.

지난해 3월에 기숙사를 나오면서 한 사감님과의 대화가 생각난다. 자취방이 여관이란 말씀이 가슴에 와닿는다. 사감 선생님이 말렸을 때 주저앉았다면 오늘과 같은 일은 없었을 것인데 후회하는 마음이다.

한 번 엎질러진 물, 후회한다고 되돌릴 수 없는 일이 되고 말았다. 배 속의 아이와 함께 살아갈 날들이 이젠 더 중요한 것이다. 다시금 자신을 매질하며 얼굴을 한번 탁탁 두드리며 몸을 일으켜 발틀 위에 몸을 앉힌다. 그리고 다시 일을 시작한다.

요즘 하루 길이는 무척 길다. 그러나 일할 시간은 많은데 능률은 전만 못하다. 1시간 정도 일을 하고는 일어나 마당으로 내려가 왔다 갔다 뒤뚱인다. 그리고 다시 마루에 올라와 발틀에 앉아 발틀을 밟는다.

높지 않은 마루에 올라오는 것도 힘이 든다. 아이가 누르기 때문이라 생각한다. 어떤 놈이 나오려나? 힘이 드는 것을 보면 아마 장군감일 것 같다는 생각을 해보면서 혼자 웃는다. 이런 모습을 옆에서 본다면 실성한 사람처럼 보일 것이다. 아이를 두고 이런저런 생각을 하면서 나름대로는 아이를 위해서도 긍정적인 생각을 갖는다. 나를 닮아라! 스스로에게 나는 괜찮은 엄마다. 이렇게 배를 문지르며 아이와 얘기를 한다. 태교를 한다. 그래도 한쪽(엄마)만으로는 안 되는 것 아닐까? 태어날 아기가 지난 일련의 일들 일체를 알지 못하게 하는 것으로 한다. 그러는 것이 태교에도 좋을 것이라 생각을 한다. 생각은 그렇게 하지만 그것도 마음대로 되지 않는다. 생각 중간에 불쑥 지난 일이 폭탄이 되어 머리를 어지럽히기 때문이다.

그사이 받았던 재단물도 다 완제품을 만들어 회사로 보내고 아무리 생각해도 일거리를 더 받는 것은 무리라는 생각에 이번에는 재단물을 더 가져오지 말라고 김 주임님께 전화를 드렸다. 이번 주일에는 빈 차로 와서 완제품을 실어 갔다.

홀가분한 마음으로 점심 식사를 하는 둥 마는 둥 하고 고단하여 자리를 펴고 누웠다. 일이 많아 쉬지 않고 일하던 사람이 조금 편해지려면 탈이 난다고, 이젠 산일까지 며칠 남지 않았다는 생각은 안 하고 조금 쉬고 일어나서 밀린 빨래라도 해야지 하며 누웠다.

갑자기 무슨 탈이 났는가? 허리가 조여들더니 배가 살살 아프다. 언제 적과 같이 먹은 것이 체했는가 생각한다. 또 한편은 아직은 멀었는데 생각하면서도 책에 보면 하루 이틀 앞당겨지기도 하고 열흘, 아니 칠푼이 팔푼이 하는 얘기가 괜히 있는 얘기는 아닐 것이라 생각을 하면서 혹 지금 애가 나오려 하나 걱정이 된다. 허리가 뒤틀리며 배가 많이 아파온다. 아직은 멀었는데 산통이 시작되는가?

급히 주인집 아주머님을 불렀다. 아주머니는 부리나케 오셨다. 왜 배가 아픈가 물으시며 산파 어쩌고 하시던 이야기는 당황 중에 잊으셨는지 아니면 마음이 바뀌신 것인지 어차피 아파도 갈 병원, 애를 낳아도 갈 병원인데 우선 배가 아프니 택시를 잡겠다며 서둘러 밖으로 나가신다.

조금 기다리니 클랙슨 소리와 동시에 아주머니께서 들어오시어 옷을 갈아입으신다며 안으로 들어가셨다. 억지로 일어나 그간 준비해둔 가방(출산 시 준비물을 언제 있을지 모를 일에 대비해서 항상 가방에 넣어두고 들고 가면 될 수 있도록 미리 준비하여 두었다)을 들고 옷을 갈아입는 것도 잊고 입은 그대로 마당으로 나갔다. 그와 동시에 주인아주머니가 방문을 열고 마당으로 나오셨다. 대문을 열고 함께 택시에 올랐다. 택시 안에서 심한 통증을 느끼면서 '아야' 하는 가는 신음을 자기도 모르게 흘린다. 남산만 한 배를 안고 이마에 땀이 송골송골 배어나는 것을 기사 아저씨가 본다. 가면서 기사 아저씨는 내 차에서 아이를 낳는 것은 처음이라 말씀하시고는

"운전기사 생활 중 처음 맞는 일이니 큰 영광입니다."

하며 아주 좋아하신다.

이런 말씀으로 산모와 주인아주머니의 마음을 헤아려 주시니 고맙기 그지없다. 한마디 말로 천냥 빚을 갚는다더니 기사님의 말씀 한마디가 이렇게 고마울 수가 없다. 설정(薛貞)의 이마에 땀방울이 퉁겨 얼어붙은 물방울같이 매달려 있다. 산통(産痛)을 참으려 온 힘을 다하는 모양이다.

멀지 않은 곳인데도 시간이 지체되는 것 같아 조급증이 난다. 병원에 도착해서 신음 소리와 함께 산실 문 안으로 빨려 들어간다. 택시비를 지급하고는 거스름돈은 받지도 않았다.

한 아이인 줄 알았는데 낳고 보니 일란성 쌍둥이다. 설정(薛貞)이는 두 아이인 줄 모르면서 두 아이의 엄마가 되었다. 이런 경험은 지금까지 아마 설정(薛貞) 산모 외는 없을 것이며 앞으로도 없을 것이다.

쌍둥이를 낳은 산모(産母)가 있었다. 스물도 되지 않은 어린 나이에 단짝 친구와 나이트클럽에 같이 가서 무엇인지도 모르며 춤을 추고 놀다 태어나서 한 번도 입에 대 보지도 않은 술을 처음 마셨다. 오빠의 잘못으로 인해 숱한 고생과 걱정을 하시다가 한번 오순도순 살아보지도 못한 어머니를 생각하며 후벼 파듯 아픈 가슴 때문에 위로 받으려 물을 마시듯이 꿀꺽 꿀꺽 소리가 나게 술을 마셨다.

인사불성의 상태에서 자기도 알지 못하는 남자의 등에 업혀 여관을 갔다. 같이 간 남자는 의식불명 상태에 빠진 어린 공주의 다 피지도 않은 닫힌 문을 주인 허락도 없이 억지로 열고 욕망의 찌꺼기를 아름다운 궁전에 쏟아 넣고서는 자기 지은 죄를 아는지 아니면 무서워서인지 완전 범죄를 꿈꾸는 범법자같이 입고 간 상태 그대로 뒤처리를 완벽하게 해 놓았다. 그러고는 썩은 고기도 마다 않고 입을 다시는 들개처럼 몰래 먹고 달아나듯 여관을 빠져나가 꼬리를 감추었다.

여러 달 동안 임신한 사실도 모르고 지내다가 알았을 때는 이미 아이가 많이 자라서 의술의 힘을 빌려서라도 어떻게도 할 수 없는 처지였다.

아이를 낳고 보니 일란성 쌍둥이다. 처음 임신 사실을 알았을 때는 낳아서 훌륭하게 키우리라 마음먹었지만 산모 설정(薛貞)의 주위에는 도와줄 혈육이 한 사람도 없었다. 하나뿐인 오빠는 어머니가 돌아가셔도 장례에도 참석하지 않고 지금까지도 어디에서 무엇을 하는지 모른다. 설혹 안다 하더라도 자기 한 몸도 건사하지 못하는 팔난봉이라 전혀 도움이 되지 못한다. 그래도 한 아이라 생각했을 때에는 혼자서라도 훌륭하게 키우리라 마음먹었지만 도저히 두 아이를 키울 수 있는 형편이 되지 못했다. 그렇다고 한 아이만 자기가 키우고 다른 한 아이는 다른 사람 손에 맡겨 기르는 짓은 더더구나 할 수 없는 일이라 생각되어 믿고 의지하며 따랐던 기숙사 사감님의 말씀을 좇아 아이 둘을 입양 기관을 통해 해외로 입양시켰다.

어린 엄마지만 엄마 된 책임을 다하리라 생각했었는데 현실이란 벽 앞에 무릎을 꿇고 해외로 입양시키면서 이번에도 기숙사 사감님의 가르침에 따라 자식에 대한 여러 가지(몸의 반점이며 없어지지 않은 특징) 정보를 후일을 위해 입양 기관 이름과 함께 기록해 두었다.

어떤 아픔도 쓰라린 경험도 세월 앞에서는 엷어지고 얕아지고 가늘어지는가 보다. 철없을 때 당한 그 아픔의 세월도 흘러갔다. 먹고살기 힘들기도 했었지만 아픈 기억을 잊으려고 몸을 혹사하며 일에 매달렸다.

한번 남자에게 당한 뼈아픈 경험은 많은 것을 알도록 해 주었다. 세상이 내 마음 같지 않다는 기막힌 경험을 하고서야 터득할 수 있었다니 대가치고는 너무 많은 것을 잃은 가슴 아픈 사연이다.

많은 사람들이 하는 말과 행동은 반드시 일치하지 않는다는 것을 알았다. 같은 말이라도 뜻이 전혀 다를 때도 있음을 배웠다. 많이 배우면 배울수록 인성이 갖추어진 사람이 아니라면 더 악랄하고 빼앗는 기술 또한 교묘했다. 어쩌면 학교에서 많은 것을 가르친다는 것이 인간답게 사는 것을 가르치는 것이 아니라 못된 것, 버릇없는 짓, 얼굴 두꺼운 태도, 이리 붙었다 저리 붙었다 하는 교묘한 위장 · 처세술 등 빗나간 삶의 한 부분을 알게 하는 것은 아닌지 의심이 갈 정도이다.

야간 고등학교 졸업을 앞둔 설정(薛貞)에게 밤을 새워 공부한 그 보람도 빼앗아 버리고, 지은 죄가 없어도 아닌 밤에 기차를 타고 낯선 서울이란 거대도시를 찾게 만든 그 대학생처럼 밤을 빌려 어두움을 힘으로 이용하여 못된 짓을 저지르고는 낮을 맞아 밝을 때는 민낯을 보여주며 이것이 진실이라 호도하며 파렴치한 범죄까지도 덮어 버리고는 채 피지도 않은 앞길이 구만 리인 설정(薛貞)에게 참담한 현실을 안겨 주는 몹쓸 사람도 도처에 있음을 알았다.

의식 없는 상태에서 당한 불쌍한 사람이 설정(薛貞) 자신임을 알았을 때도 응징을 위해 행동으로 옮길 수 있는 어떤 방법도 설정(薛貞)에게는 없었다. 넋을 놓고 있을 수만 없는 현실 앞에 몸부림치면서 잊기 위한 한 방법을 찾는 도리밖에는 다른 도리가 없었다. 잊기 위하여 닥치는 대로 일을 찾아 몸을 굴렸다. 그런 가운데서도 어리석게 행동하지 않으려고, 아니 다시는 속지 않으려고 하는 일을 두고 요리조리 따져 보기도 하고 자로 재도 보고 망치로 두드려도 보고 의심하며 연구하는 버릇이 생겼다. 그러다 보니 자연히 어느 곳에서나 인정을 받는 생활인으로 자리매김하게 되었다. 생활인으로서 직장인으로서 빈틈없는 일 처리며 근면성, 또 분명한 사리판단 등이 신용을 덤으로 얻게 하였다. 뼈 빠지게 몸을 굴려 얼마간 모은 돈으로 몇 사람이 함께 일하는 조그마한 자기 업체를 만들었다.

원청회사의 도움은 거의 절대적이라 해도 과언이 아니다. 사감 선생님의 도움으로 회사를 소개 받아 지금까지 잘 운영해 왔었다. 원청회사에서도 설정(薛貞)이의 스스로 일하는 솜씨며 함께 일하는 사원들과의 관계며 원청회사 직원들과의 관계를 보면서 어떤 규모의 회사라도 능히 운영해 갈 능력을 가졌다고 판단한 것 같았다. 그러니 아예 일할 물량(오더)을 줄 터이니 직접 생산을 해보라는 것이다. '학생' 이란 호칭은 임신한 사실을 알고부터 '아줌마' 로 바뀌었다. 아줌마 같은 능력이라면 충분히 가능하다는 것이다. 이 권유는 원청업체 사장님이 직접 방문하시어 권하신 예의를 갖춘 성실한 파트너십(Partnership)이었다. 그리고 공장 같지 않은 공장임에도 불구하고 사장님이 직접 방문해 주시는 것만으로 몸 둘 바를 모르는 일인데 더욱 함께 일을 하자 하니 그저 영광스럽기까지 했다.

어려울 때, 또는 어떤 특별한 일이 있을 때마다 자문을 구한 멀리 계시는 사감님에게 또 의견을 여쭈어 보았다. 사장님의 의견이 그렇다면 한번 도전해 볼 가치가 있다고 말씀해주셨다.

사람이 성실하고 반듯하고 예의가 있고 또 붙임성이 있으니 자연히 주위에 사람이 모이고 늘 사람이 많이 따라다녔다. '아줌마' 라는 호칭이 어느 사이 '젊은 여사장님' 으로 바뀌었다. 여사장님은 지금과 같이 생각지도 않은 일들이 기회가 되어 문을 열고 들어오라 하는 것 자체가 지난 아픈 세월에 대한 보상이란 생각이 들었다.

이렇게 원청회사의 도움으로 자리를 잡을 동안 원청회사도 비약적으로 발전하여 사업 확장을 계획하고 있던 중에 계속해서 자가 공장을 증설해서 생산을 늘려가는 것이 좋은 것만은 아니고 문제가 있다는 판단 아래 검토한 결과 하청 공장을 늘리는 것이 문제 해결의 한 방법이며 이에 설정(薛貞)의 공장이 제일 먼저 대상이 되었다는 것이다. 기왕에 원청회사 사장님까지 나서서 권하시는 일이니 긍정적으로 한번 검토해서 사장님께 구체적인 계획서를 가지고 찾아뵙겠다고 말씀드리고 그날부터 곰곰이 생각해 본다.

지난 세월 동안 뼈 빠지게 일을 한 것도 내가 낳았지만 어쩔 수 없이 해외로 입양시킨 내 아들들을 다시 찾아 한곳에서 살기 위해서는 무엇보다 필요로 한 것이 돈이라 생각했기 때문이다. 지금과 같은 이러한 규모로는 어림도 없다는 것은 너무나도 빤한 것도 사실이다. 그저 입에 풀칠하면서 조금 저축하는 정도이니 어느 세월에 돈을 모아 아이들을 데려올 수 있을까?

그 사이 설정(薛貞)의 머리에는 완벽한 물건을 만들어 원청회사의 신용을 얻어 이를 담보로 공장을 확장하고 명실상부한 공장 같은 공장을 만드는, 작지만 알찬 계획이 자리했던 것이다. 그 노력의 보람이 찾아온 것이다. 공들인 보람이 있어 원청회사에서 함께 같이 가자는 동업자로까지 격상되어 제안해 온 것이다.

그러나 자본금이라 해봐야 그간 공임으로 받은 돈을 모아도 얼마 되지 않는다. 그 돈으로는 어림없는 일이다.

생각하고 생각한 끝에 하나의 모험을 하기로 마음먹었다. 하나의 사업 계획서를 만들었다. 사업계획서라 해서 자본금이 얼마이며 시설이며 인원 조달이며 가동 이후 예상 재무제표며 고루 갖춘 완벽한 것이 아니라 원청회사의 지금 여유가 있는 창고 안에 10개 라인(원청회사가 요구하는 규모) 정도의 시설을 해주시면 시설비에 대해서는 5년 동안은 은행 이자만 가공임에서 공제해주시고 5년 이후부터 10년 동안은 월 은행 이자와 월 설비비를 반제한 평균 금액과 창고 건물의 임대료를 합산하여 상환하며 설비비를 완전히 상환한 후 다시 5년 이내 공장 부지를 마련해 독립하겠다는 15년간의 장기사업계획서이다. 어쩌면 원청회사의 지원을 100% 받겠다고 일방적으로 요구하는 계획서를 만들었다. 아직 은행 관계는 회사 이름으로 맺지도 않았고 은행 문턱이 턱없이 높다는 것을 알아 출입하지도 않았다. 15년 세월 동안에 완전히 부채를 청산하겠다는 계획서이며 단지 말미에 아줌마가 갖고 있는 현금은 5개월분의 종업원 월급과 경상비로 충당할 정도임을 명시하고 원청회사의 처분만을 기다린다는 일종의 구애 작전이었다. 그리고 종업원만은 반드시 자신의 책임 아래 우수한 인력을 확보하겠다는 구체적인 인원 확보 계획서도 함께 제출하였다.

사업 계획서 같지 않은 사업 계획서를 보시고 승인해 주시리라 믿지는 않았지만 되지 않아도 손해 보는 일은 아니다. 아줌마로서는 조금씩 키워 갈 생각이었던 것을 하루아침에 한 10년을 앞당긴 것이며 원청회사 사장님의 그간의 칭찬이 헛된 것은 아니라는 증명도 받고 싶은 마음이 있었다.

의외로 아줌마의 사업 계획서가 채택이 되었다. 원청회사로서도 여러 번 회의와 전문 인력들이 중점 검토한 결과 직접 시설을 해서 자기들이 운영하는 것보다 유익하다는 결론이었다. 단 하청공장 경영자의 능력이 담보되었을 때 가능하다는 단서가 첨부됐다.

어차피 시설을 하려다 변경한 것이니까 어쩌면 돈만 주면 다른 아무것도 신경 쓸 일이 없이 젊은 경영자인 설정(薛貞) 사장이 다 할 것이니까 더 인력을 들이지 않아도 되는 이점(利點)이 있었다.

놀고 있는 터에 공장을 증설하여 좋은 훌륭한 경영자를 모셔와 일을 맡기고 시설비와 임대료로 월 얼마를 낼 것인지 상호 의논하여 받는다 생각하면 전혀 손해 보는 일은 아니다. 만일 하청공장이 어려워 문을 닫은 일이 있다 해도 공장 안에 있는 시설과

종업원은 그대로 다 있으니 경영하는, 아니 일을 시키는 사람만 바꾸면 되는 것 외에 하나의 손실도 발생하지 않는 것이다.

처음 공장을 가동하는 날 원청회사 사장님과 회사 간부님들, 그리고 멀리에서 밤차를 타고 온 사감 선생님께서도 참석하셨다.

원청회사 사장님은 설정(薛正)기업 사장 설정(薛貞)이란 명패를 만들어 가져오셨다. 공장 이름도 기숙사 사감님께서 직접 작명해 주셨다. 설정(薛貞)이의 이름자 '정' 자를 곧을 정(貞)에서 바를 정(正)으로 바꾸어 회사 이름을 지었다.

설정(薛貞)도 회사 이름이 마음에 들었다. 혼자 마음속으로 빼앗겨버린 정조를, 지키지 못한 정조를 생각하니 정(貞) 자보다는 정(正) 자가 한결 마음을 감싸주며 옹호해 주는 것 같다.

그때 그 대학생이란 작자가 조그만 정의감이나 양심적인 어린 학생을 배려하는 마음을 가지고 있는 청년이었다면 술을 먹고 의식 없는 설정(薛貞)이의 정조를 그렇게 유린하지는 않았을 것이다. 고등학생 신분이란 것도 알았으니 얼마나 괴로우면, 얼마나 가슴 아픈 사연이 있으면 이렇게 술을 먹고 만신창이가 됐을까 불쌍해서도 측은해서도 그런 못된 짓은 할 수 없었을 것이다. 설정(薛貞)이는 임신 사실을 알고 친구를 통해 사는 곳을 알려면 알 수도 있었지만 그렇게 하지 않고 그날로 마음속으로 없는 사람으로 생각했다. 그는 하루아침에 이 세상 사람이 아닌 죽은 사람이 되어버린 것이다.

그렇게 많은 시간이 걸리지 않고 시설을 하고 공장 가동에 들어갔다.

멀리 계시는 사감님께서 어느 날 기숙사 층별 반장 회의 시에 교육을 하면서 여러분과 같이 어려운 환경에서 공부를 하고 큰 꿈을 가지고 서울에 간 여러분의 선배 중에 설정(薛貞)이란 사람이 있다. 아마 여러분보다 졸업 연수를 따진다면 7~10년 차 정도 선배가 될 것이다. 아주 어려운 가운데 노력하여 그래도 조금은 큰 공장을 만들어 가동하게 되었다. 얼마나 자랑스러운지 모른다며 그 설정(薛貞) 사장이 지금 여기에 계시지는 않지만 그 사장을 위해 박수를 한번 보내 드리자는 제안에 어떤 학생은 발로 마루를 탕탕 두드려가며 우레와 같은 박수를 보냈다. 내가 초청을 받아 갔다 왔다 하시면서 시설도 좋고 주위 환경도 좋아 앞으로 발전할 수 있는 회사임을 알 수 있었다며 어렵게 공부하는 여러분도 꿈을 잃지 않고 모든 일에 성심성의를 다하기를 바란다는 말씀이 계셨다. 공부하고 노력하면 몇 회 졸업생 설정(薛貞) 선배와 같은 인물이 될 수 있다며 어려운 학생들에게 꿈을 심어주시는 격려의 말씀을 하셨다.

이런 사감 선생님의 말씀이 날개를 달고 다녔다. 그 공장은 물론 타 공장에까지 전해졌다. 더욱 선후배 간에는 입지전적인 인물로 미화되어 말이 훨훨 날개를 달고 날아다녔다. 설정(薛貞)이 겨울방학 후 등교하지는 않았지만 출석 일수 부족 등 그렇게 졸업에 영향을 주는 결격 사유가 없었다. 더욱 2학년까지는 계속 우등생이며 모범생으로 학교에서 칭찬이 자자했던 학생이기 때문에 겨울방학 후 계속 결석을 안타깝게 생각하며 소식을 알려 했으나 알 수 없어 모든 선생님이 궁금히 생각했다. 더욱 사감 선생님께서 학교에 가시어 설정(薛貞)이의 여러 어려움을 말씀드려 졸업은 하는 데는 아무 문제가 없었다.

젊은 날 누구나 한 번쯤은 객지로 나가, 아니 서울이란 대도시에 나가서 성공을 하여 좋은 집에서 한 손에 턱을 묻고 고향을 그리워하는 영원한 노스탤지어(鄕愁病, Nostalgia)의 마음을 가진다. 그래서인지 모르지만 과거 같이 다녔던 동급생이며 타 공장에서까지 서울이란 유혹에 이끌려 제 발로 찾아오는 처녀들이 있어 어렵지 않게 노동력을 확보할 수 있었다. 일을 시킬 때도 일하는 처녀들의 마음을 알아 서로 위로해가면서 일을 시킨다기보다 자발적으로 일을 하도록 마음을 모아주었다. 각 라인들은 빠른 시간 내 안정이 되고 본격적인 생산에 들어갔다. 보통 한 달이 걸려도 어려운 생산 안정이 단 열흘 만에 정상 궤도에 진입하는 것을 보고 원청회사 간부들은 자기들의 판단이 옳았다며 기뻐하였고 젊은 설정(薛貞) 사장도 한시름 놓게 되었다.

이렇게 바쁘게 살다 보니 15년의 세월도 동태 달린 손수레 달아나듯 흘러갔다. 15년 기간을 정하여 갚으려던 부채도 12년여 만에 완전 청산하고 원청회사와 가까운 곳에 허름한 공장을 인수하여 산뜻하게 개조를 해 새로운 공장으로 이전하였다.

새로운 공장으로 확장 이전하는 개업식에는 많은 인원을 초청하였다. 과거 다녔던 회사 과장님, 박 양 언니는 물론 한방 친구도 잊지 않았다. 더욱 박 양 언니와 해후 시에는 사무실이 떠나갈 정도의 큰 박수 소리와 함께 서로 환한 얼굴을 하고 뒤엉켰다. 왁자지껄 중년 아줌마 둘이 어느 소녀들같이 얼싸안고 발을 구르며 깡충깡충 뛰는 모습은 15년 세월이 훌쩍 지난 게 무색할 정도로 발랄하였다. 할머니가 되신 기숙사 사감님은 하나뿐인 딸이 결혼하여 서울에 살기 때문에 지금은 서울에 조그마한 아파트를 딸 집과 가까운 곳에 마련하여 거주하신다. 설정(薛正)회사 고문으로 매일 출근해 일하는 아이들의 상담을 주로 하시며 노후를 보내신다.

그간 정말 자신을 모질게 매질해 왔다. 한 번 결심한 일은 뒤를 돌아보는 일 없이 오직 앞으로만 달렸다. 근검절약이 몸에 배었다. 모든 것으로부터 관심을 거두어들이고 오직 하나의 목표만을 위해 앞으로 달렸다. 그래서 얻은 별명이 '여자 독일 병정' 이다. 그만큼 정직하고 완벽하다는 의미일 것이다.

설정(薛貞) 사장님은 그 어떤 칭찬보다 이 여자 독일 병정이란 이 별명을 좋아한다. 이는 신뢰와 믿음의 증표이기 때문이다. 이 여자 독일 병정이란 별명을 얻기까지 피나는 노력과 절제, 절약 등을 실천했다. 빼앗긴 정조로 알게 된 여러 가지가 세상을 살아가는 데 약이 되었다. 좋은 제품을 만들었고 철저히 약속을 지켰으며 빈틈 없는 공장 경영으로 이어졌다. 자연히 돈이 모였다. 생활에 여유가 생겼다.

이놈의 돈도 눈이 있어 마음에 들면 저만 오는 것이 아니라 제 친구도 데리고 왔다. 그러다가도 싫증 나면 저만 빠져 나가는 것이 아니라 몽땅 같이 데리고나가 망하게도 하는 모사꾼이기도 하다.

돈

돈의 여러 얼굴

돈 언제 어디서나
누구나 다 좋아하는

무한한 힘 가진 괴물
모두가 다
더 많이 가지려 애를 쓰지만
요놈이
눈이 있고 귀가 있어
아무에게나 잘 가지 않는다.
있는 곳이 좋다 싶으면 장기 투숙도 하고
제 동료 데리고도 오지만
아니다 싶으면
자기만 빠져나오는 것 아니라
동료들 충동질하여 아주 몽땅 빠져나와
망하게도 잘하는
죽이고(배비지르고) 싶도록 미운 모사꾼이기도 하다.
돈 많으면 많을수록 좋다지만
많이 거느릴 자질 없는 놈이
욕심내다가는 돈에 깔려 죽기도 한다.

여유는 한 많은 삶을 되돌아보게 했다. 유행가 〈번지 없는 주막〉 가사처럼 어머니를 아버지 묘 왼쪽에 안장하고 고향집 떠나올 때 마을 앞 개울가에 서 있는 축 늘어진 능수버들이 생각났다. 악마의 이발에 뜯겨 만신창이가 된 몸 때문이다.

문패도 번지수도 없는 주막에
굿은비 내리는 이 밤도 애절쿠려
능수버들 태질 하는 창살에 기대어

자기 어깨처럼 축 늘어진 노래 가사를 이렇게 개사하여 노래를 불렀다.

공장 사무실 창가에 기대어

노래 부르며 일을 마치고 아무도 없는 실내에서 혼자 울기도 했다.

그 나이트클럽에서 일이 있고 난 후 술로는 입술도 적시지 않았다. 어느 회식 자리에서도 술은 입에 대지도 않았다. 그러니 '젊은 설(薛) 사장' 하면 의례히 술을 먹지 않는 사장, 아니 술을 못 먹는 사람으로 치부되었다. 오랜 시간 그렇게 하다 보니 어떤 술자리에서나 건배할 때 설(薛) 사장 혼자만 물이나 음료수로 대신해도 아무도 무어라 하지 않는다.

오늘 처음 포도주를 앞에 놓고 술잔으로 입술을 적시며 지난 세월을 생각한다.

처음 먹었고 죽도록 마신 그 술 때문에 인생의 길이 꼬여버린 나 자신 대학을 가서 영어 영문학을 전공하여 본사 해외영업부 직원들과 세계를 누비는 유능한 세일즈맨이 되려했었는데, 아니 오가는 비행기에서 새우잠을 자며 1년 365일 중 2/3를 해외에서 보내면서 가난의 대물림을 끊는 방법이 수출에 있음을 알게 해주시며 우리나라의 수출을 있게 하신 키 작은 거인 우리 회사 젊은 김 사장님같이 세계를 누비는 유능한 세일즈맨이 되려 했었는데, 그리고 고생하시는 어머니를 모시고 남들 보라는 듯 살려했었는데 그 어머니는 지금 내 곁에 계시지 않는다. 지금까지 살아계셔도 겨우 환갑을 넘을 연세였는데 너무 일찍 돌아가신 것도 한이 되었다.

내 접은 꿈뿐만 아니라 한 번 안아보지도 못하고 알지 못한 사람들에게 맡겨진 내 아들 둘, ○○복지회를 통해 외국으로 입양된 내 아이들을 생각한다. 지금쯤은 얼마나 자랐을까? 어디에서 무엇을 하며 어떻게 살고 있는지, 얼굴은 어떻게 생겼으며 몸은 튼튼한지…. 자기가 키우지 못한 죄책감과 궁금증이 마음을 불덩이같이 달아오르게 한다.

생활에 쪼들리며 동분서주할 때는 파김치가 되어 밤이면 잠들기 바빴고 낮에는 일하기에 정신이 없었다. 아이들을 생각할 겨를이 없었다. 안정이 마음에 여유를 주었다.

지난 세월을 되돌아보며 얼룩진 곳을 청소를 하듯 한다. 맑은 물에 빨래하듯 그것도 모자라 양잿물로 하얗게 빨아 백옥같이 만들어 손질해야 하는 것과 같이 자신의 잘못을 자신에게 길게 고백했다. 그러다 보니 지금은 하루빨리 애초에 공장을 키울 때부터 생각했던 자기 속으로 낳은 아이 둘을 찾아야 되겠다는 마음이 이젠 무슨 일보다 앞선다.

일손을 놓고 쉬는 밤이면 불현듯 아이 둘이 보고 싶어진다. 달 밝은 밤이면 구름을 따라 흐르는 달을 바라보며 달 같은 얼굴일까 나를 닮아 길쭉한 얼굴일까 허공중에 그리기를 수도 없이 반복하기도 했다. 중년이 된 아주머니가 자신에게 한 고백이 마음깊이 새겨져 아마 그 간절함이 뼈에 사무치는 모양이다. 한 번 보고 싶은 마음이 드니 하루가 여삼추였다. 한 아이가 꿈속에서 오라는 손짓인지 가라는 손짓인지 했던 그 꿈 생각이 떠오르고 나서는 더욱 마음이 급해진다. 그 꿈을 꾸고 나서 현몽(現夢)임을 미리 알고 의술을 힘을 빌렸다면 태어날 두 생명은 핏덩이로 사라지고 둘은 아마 세상 구경도 하지 못했을 것이다. 그 일 때문에 내 인생이 꼬여 많은 세월 고생을 하면서 지금까지 왔어도 가만히 생각하니 몰랐던 것이 천만다행으로 여겨진다.

아이를 한 번만이라도 만났으면, 아니 사는 곳만이라도 알 수 있다면, 얼굴만이라도 먼발치에서 볼 수 있다면 여한이 없겠다는 생각으로 어떤 온갖 유혹에도 흔들리지 않게 자신을 다잡았다. 한 번의 실수는 병가지상사란 문자를 생각하면서 두 번 다시 잘못을 저지르지 않으려고 마음을 굳게 먹고 다짐하기를 수없이 했다.

40여 년을 자식도 하나 없이 홀로 사는 중년의 여인, 더더욱 얼굴도 미인이며 키도 훤칠하며 몸이 중년이라 생각하기엔 너무나 탄탄하고 볼륨이 있는 여인. 지적인 미모에다 돈도 있는 나무랄 데 없는 여인. 그러니만큼 달콤한 말이며 값나가는 선물로 때로는 키도 훤칠한 잘생긴 남자가 육탄 공세를 하며 몸과 마음을 뒤흔드는 일도 없지 않았다. 그럴 때마다 내 인생에 한 번의 실수 이외 두 번 다시 잘못을 할 일은 없다며 맹세한다. 오직 자식을 찾는 일에 혼신을 다했다. 미국 공관까지 찾아가 호소도 했다. 온갖 방법을 다 동원하여 수소문하였다. 여러 연줄을 동원하였다.

그러던 중 우연찮게 어느 기업인 모임에서 미 대사관에 근무하는, 우리나라 직급으로는 일등 서기관인 토마스 멀로우(Thomas Meollou) 씨를 소개 받았다. 첫 만남에서 그 서기관이 설정(薛貞)의 미모와 교양에 마음을 빼앗겨 가끔 만날 수 있으면 영광이란 진솔한 요청을 해 처음에는 아이를 찾기 위한 한 방편으로 그의 말에 동의하였다.

두 사람 다 바쁜 사람이라 자주 만날 수 없었다. 그러나 한 달에 한 번 정도는 만남의 기회를 가졌다. 그런 날에는 의례히 설정(薛貞) 사장이 우리나라의 아름다움을 보여주기 위해서 나름의 계획을 세워 서울의 고궁은 물론 서울에서 가까운 수원이나 남한산성도 구경하면서 조선의 아픈 역사도 설명해주었다. 토마스 씨는 작은 나라이지만 옛 문명은 미국보다 앞선다며 감탄한다. 또한 설정(薛貞) 사장의 영어 실력은 처음 토마스 씨를 만났을 때는 띄엄띄엄 단어에 몸짓을 섞어 가면서 대화할 만큼 서툴렀으나 1년이 지난 시점에는 토마스 씨와는 무리 없이 소통이 가능했으며 2년이 지난 지금에는 아주 유창한 영어 말솜씨로 발전해 토마스 씨도 감탄했다.

어느 날이었다. 토마스 씨가 평소 그답지 않게 진지하게 긴장하면서 그간 설정(薛貞) 사장과 만나서 즐거웠던 일을 말하며 어딘가 모르게 우수에 젖은 설정(薛貞) 사장을 보면서 사연이 있는 분이라는 것을 알고 함께 고민하고 함께 아파하며 위로해주며 보살펴주고 싶은 마음이라면서 자기의 마음을 솔직히 고백하는 것이었다. 바로 답을 달라는 것은 아니니만큼 충분히 생각해서 말씀해 주시면 감사하다는 것이며 이 말씀을 드리려고 여러 번 마음을 먹었으나 용기가 나지 않아 계속 미루다가 지금에야 이야기하는 것은 지금 이야기하지 않으면 영영 말할 기회가 없어질 것 같아 오늘은 미리 작심하고 말씀드린다며 긴 고백을 하였다. 자기는 한 번 결혼한 경험을 갖고 있다면서 아내는 생각지 못한 사고로 5년 전에 돌아갔으며 미국에 계속 있으려니 죽은 아내 생각에 마음을 잡지 못할 것만 같아 이렇게 다른 나라에 와서 근무하는 길을 택하였다고 했다. 대만을 거쳐 한국에 온 지는 3년째이며 곧 본국으로 발령이 날 것을 알고 떠나기 전에 이렇게 마음을 고백하는 것이라며 대답은 자기가 떠나고 없더라도 편지로 하면 더 멋있고 낭만적일 것 같다며 젊은 학생 같은 들뜬 마음으로 말하는 것이다. 한 번 더 대답은 시간에 구애 받지 않았으면 좋겠다는 것이다.

설정(薛貞) 사장은 그의 긴 고백을 듣고 나니 마음 한편으로 고맙고 감사하며 미국인이기 이전에 한 사람의 인간으로 따뜻한 마음을 읽을 수 있었다. 마음 같아서는 자기도 똑같은 마음이라 말하고 싶지만 두 아들을 생각하면 그럴 수 없었다. 더욱이 임신 사실을 알고부터는 무책임하게 자기 욕정만을 채우고는 자기의 몹쓸 짓을 엄폐인지 은폐인지 완벽하게 조치하였다고 믿고 시치미를 뚝 뗀, 한 점 부끄러움을 모르는 철면피인 대학생에 대한 생각은 모든 남자에 대한 불신으로 이어졌으며 이후 남자를 거들떠보지도 않게 되었다. 더욱이 무슨 수를 쓰더라도 돈을 모아 두 아들을 찾아 함께 살려는 생각을 지금까지 한시도 잊은 적 없다. 그런 설정(薛貞)의 마음을 처음으로 휘저어 놓은 것이다. 가만히 생각하면 지금도 자기에게는 청춘이 있다고 믿고 싶다. 어디 내어 놓아도 빠지지 않은 미모와 발랄한 육체 덕에 어느 누구도 그녀를 40대로 보지 않는다.

마음이 흔들리는 자신을 억누르고 토마스 씨에게 이야기한다. 구태여 자기의 과거를 덮을 일도 아니라는 생각이다. 마음은 끌리지만 토마스 씨와 사귀며 결혼할 일은 없을 것이다. 왜냐하면 아이들과 마음속으로 한 약속은 지켜야 한다고 믿고 있기 때문이다. 그래서 토마스 씨에게 자신의 아픈 과거를 있는 그대로 솔직하게 얘기하였다.

토마스 씨는 설정(薛貞) 사장의 아픈 과거를 다 듣고서는 자기 마음도 아프다는 것이다. 그러면서 조금 전에 말씀드린 대로 자기와의 문제는 지금 당장 예스 노 할 것이 아니고 조금 더 시간을 갖자 했다. 지금 당장 할 일은 두 아이를 찾는 것이니만큼 자기가 귀국해서 꼭 두 아이를 찾아 기쁜 모자 상봉이 이루어지는 모습을 자기 눈으로 보겠다는 것이다. 앞으로 서로 전화나 편지로 살아 있음에 감사하며 태평양을 가운데 두고 자신은 설정(薛貞) 사장을 그리며 살겠다며 좋은 소식 있으시길 기도한다며 설정(薛貞) 사장의 손을 꼭 쥐며 눈을 감고 기도하는 모습은 천진난만한 아이 모습이기도 하다는 생각이 드는 것이다.

그가 한국을 떠나기 전에 ○○복지회에 들러 아이들 이름이며 생년월일, 몸에 특징이며 기초적인 여러 가지를 꼼꼼히 적어 갔다. 토마스 씨가 떠나고 여러 달 서로 사연만을 주고받았다. 편지는 주로 토마스 씨가 보내왔으며 설정(薛貞) 사장은 글이 짧아 다섯 번 정도 받으면 겨우 한 번 답장을 해주었다. 전화도 일방적으로 언제나 토마스 씨가 먼저 해서 받으면 근무하는 날을 빼고는 아이들을 찾으려 동분서주(東奔西走)하는 모습을 읽을 수 있었다.

그런 어느 날 지성이면 감천이라더니 마음이 통했는가 보다. 한 아이를 찾았다면서 기뻐하라는 것이다. 그리고 얼마 지나지 않아 또 한 아이를 찾았다면서도 말끝을 흐린다. 두 아이 다 마음같이 되었으면 좋을 것인데 그렇지 못하다면서 한 아이는 좋은 집안에 입양되어 양부모 밑에서 듬뿍 사랑을 받으며 잘 자라 좋은 대학에서 법률을 전공하고 국제변호사로 일을 하는 훌륭한 청년이 되어 있다고 한다. 이와는 반대로 같이 태어난 다른 한 아이의 양부모는 애초에 아이를 키우는 일에는 관심이 없는데 옆집에서도 또 다른 지인(知人)의 집에서도 해외에서 아이를 입양을 한다 하니 남에게 뒤처질세라 하나의 허영으로 얼떨결에 입양을 신청하여 아이를 받은 부부였다. 더욱 이들 부부는 조그마한 일에도 자주 의견이 엇갈려 티격태격 부부 갈등이 심해 싸움이 잦아 문제가 있는 집이었다. 이러다 보니 아이 기르는 일에는 관심이 없어 어릴 때부터 뒷방에 제멋대로 방치되어 정 모르고 자라 뒷골목을 방황하며 불량 아이들과 어울려 다녀서 한두 번의 실수로 잘못을 저지르다 씻지 못하고 한 번, 또 한 번 나쁜 일에 이력이 붙어 교도소를 제집 드나들 듯하는 문제의 청년이 되어 있었다.

토마스 씨는 두 아이를 같이 만나려면 조금 기다려야 한다는 것이다. 한 아이가 잘못을 저질러 지금은 교도소에 수감되어있어 출소일이 아직 남아 있다는 것이다.

한날한시에 같은 씨를 받고 같은 배에서 태어난 아이도 한 아이는 잘 자라 자기가 키우지 못한 죄책감을 다소 덜 수 있었으나, 불량 아이가 된 자식을 보는 설정(薛貞) 사장 마음은 지금도 찢어지는 큰 아픔으로 짓눌렸다.

같은 씨 한배에서 태어난 아이도 어디에서 어떤 환경에서 자라느냐에 따라 이렇게 삶이 극과 극으로 나눠지는 경우를 우리는 본다. 이와 같이 만남이 성장 과정의 아이들에게 미치는 영향은 거의 절대적이다. 더욱이 만나는 사람이 어느 곳에서나 칭송받으시는 덕망 높으신 인격자라면 더 말할 나위 없다. 또 만남이라는 것이 사람에 국한된 것만은 아니다. 사람과 사람의 만남은 말할 것도 없거니와 짐승이나 미물(微物)까지도 포함한다. 움직이는 것은 물론 움직일 수 없는 풀, 꽃, 나무를 포함하여 심지어는 생명이 없는 해와 달이나 강가에 있는 돌, 바위, 그 밖에 자연 현상까지 망라(網羅)한다. 대상은 어떤 것이든 사람이 어떤 감정 상태에서 어떤 분위기에서 만나느냐에 따라 동기나 이유도 되며 의지나 결심을 북돋는 상승 작용을 하기도 한다. 이렇게 모든 만남은 인간에 피할 수 없는 숙명이며 사회란 필연적으로 인간과 인간의 만남으로 이루어지는 것이다.

내가 너보다는 조금 잘났다. 나는 너보다 돈이 조금 많다. 나는 네가 갖지 않은 권력을 가졌다. 나는 너보다 더 많이 공부를 했다. 여러 가지 아는 것도 더 많다. 그러니 나는 너를 아무렇게나 대해도 된다. 내가 헤어지고 싶으면 헤어지고 만나고 싶으면 만난다. 이렇게 생각하면서 사람들을 만나는데 경중(輕重)은 두지 않는지? 만남 그 자체를 두고 인간을 저울질하고 무게를 따지면서 익(益), 불이익(不利益)을 생각하면서 만나지는 않는지?

아무리 사람이 많은 것을 안다 해도 재주가 비상하다 해도 누구도 들에 피어나는 풀 한 포기 만들 수 없다. 먼 우주 어디에 무엇이 있는지도 지금 밝혀진 것은 거의 없다. 이러고도 안다 말할 수 있을까? 나는 잘났다 거드름 피우지도 말고 또 못났다 기죽지도 말아야 할 것이다.

다시 한 번 만남의 중요성은 아무리 강조해도 지나치지 않다. 한날한시에 같은 씨를 받아 한배에서 태어난 자식도 어떤 환경에서 자라는가에 따라 삶이 이렇게 달라지는 것을 보면서 인연의 중요성을 다시 한 번 더 깨닫는다.

설정(薛貞) 사장님은 쌍둥이를 낳고 키울 수 있는 처지가 되지 못했다. 자기 주위에는 혈육이라고는 오빠 한 분뿐이었다. 오빠는 무슨 일인지 몰라도 어머니가 돌아가신 장례 당일에도 얼굴을 볼 수 없었다. 지금까지도 어디에서 무엇을 하는지 모른다. 혈혈단신 혼자의 몸으로 도저히 쌍둥이를 키울 수 없었다. 모진 아픔을 감내하면서 쌍둥이를 해외 입양기관을 통해 해외에 입양시켰다. 긴 세월 동안 한 번도 잊은 적 없는 아이들, 그 아이들을 떳떳하게 만나기 위해서는 무엇보다 필요한 것이 돈이었다. 돈을 벌기 위해 모진 고생도 마다 않았다.

태어나고 자라고 할 동안, 혈육 관계에서는 불행의 연속이었으나 사회 생활에서는 한 번의 실수를 제외하고는 좋은 인연이 이어져 수고의 보람 위에 행운까지 얻어 돈을 벌 수 있었다.

아이를 찾기 위한 그간의 수고가 헛되지 않아 오늘 이렇게 26년이란 긴 세월이 흐른 후 생전 처음 아이들을 만나기 위하여 이른 새벽 김포공항으로 달려간다.

어느 병사가 잠깐 총소리가 멈춘 전쟁터에서 죽어 널브러진 전우를 보면서 자기도 어느 때, 아니 지금 바로 저렇게 될 것은 아닌지 모골 송연했던 예감은 목숨을 앗기는 죽음이 아니라 여자로서 목숨을 걸고 지켜야 할 가치를 잃는다는 것을 얘기하는 것이었으며 꿈에 불빛 같기도 하고 짐승의 눈빛 같기도 한 빛을 보고 아이들이 걱정이 되어 달려가려는 순간 새 두 마리가 구름 속으로 저 멀리 날아간 것은 이제야 해외 입양을 암시했던 것이라 생각된다. 지금 생각하니 정말 기가 막히게도 꿈이 잘 맞아 떨어졌다.

잘 포장된 김포가도에는 가을에 영근 누른 벼가 황금 물결을 이루며 잠깐 바람에도 '잘 다녀오세요.' 하면서 고개를 숙여 인사하는 것 같다.

엄마가 돌아가시고 한 치 앞이 보이지 않던 그 암울했던 시간들, 장례 때에도 하나뿐인 오빠는 어디에서 무엇을 하는지 엄마 돌아가신 것도 모르는지 소식이 없었다. 혼자 꼬박 이틀을 콧물이며 눈물 범벅이 되어 숟가락을 입에 대지도 않고 장례를 치렀던 기억에 '휴우!' 새삼 한숨이 절로 나며 눈시울이 붉어진다. 그래도 용케도 참았던 그 슬픈 날들은 이젠 한갓 필름이 되어 머릿속에서 돌아간다.

인사불성 상태에서 아무것도 모르고 당한 그 회한(悔恨)의 일들로 만신창이가 되어, 사감님의 도움으로 함께 야간열차를 타고 서울에 왔던 그 아픈 기억들. 만삭의 몸으로 해산일 가까이까지 일에 매달리는 지독한 몸부림을 하며 쌍둥이인 줄 모르고 낳은 아들 둘. 애초에 임신 사실을 알았다면 세상 구경조차 하지 못할 뻔했으니 알려고 하지 않은 것이 다행으로 여겨졌다.

한 인간의 무책임한 욕망으로 같은 배를 빌려 같은 시간에 태어난 두 아이, 포대기에 싸여 자기들의 뜻과는 전혀 상관없이 해외로 입양되었다. 남의 나라에서 그래도 한 아이는 가정환경이 좋은 집안에서 잘 자라 국제변호사로 활동하는 훌륭한 청년이 되었다는 소식에 기뻤으나, 또 한 아이는 부부가 티격태격 자주 싸우는 집에 입양이 되어 뒷방에 버려지듯 정 모르고 자라 불량아가 되어 지금도 교도소를 제집 같이 드나든다는 말을 들어 어미의 마음이 아팠다. 자기가 키우지 못한 죄책감은 더욱 자신을 옥죄었다.

만나면 무슨 말부터 먼저 할까? 어미로 인정을 할까?

온갖 상념이 머리를 어지럽힌다.

지금은 아무것도 생각지 말고 아이들 만나는 일, 그것만 생각하자.

그렇게 생각해도 또 상념이 날갯짓을 한다. 아빠가 누구냐고 물으면 어쩌지, 그게 가장 큰 걱정이다. 어떤 사람인지 묻는다면 무어라 대답할까? 곧이곧대로 얘기할 수는 없다. 그래, 오래전에 몹쓸 병으로 죽었다 말할 것이다.

그날 어둠을 빌려 욕망을 채우고는 아무 일도 없는 듯 완벽하게 뒤처리를 하고는 밝은 날에는 하늘마저 속일 수 있다며 다른 곳에서는 민낯을 보여주며 가장 착한 척 정의로운 척 훌륭한 척하면서 더 못된 짓도 서슴없이 할 그런 인간일 것이라 생각했다. 그때 이미 내 마음속에서는 그는 이 세상에 없는 사람이 되었다. 그는 죽은 것이다.

지금은 파란 눈의 이방인이 두 아이를 찾아 함께 설정(薛貞) 사장과 만날 수 있도록 자리를 마련하여 주었다. 세 사람이 만날 때 자기도 함께 자리할 수 있느냐며 어리광을 부리는 아이같이 졸라댔다.

설정(薛貞) 사장은 하나의 고민을 더 만들었지만 그렇게 하기로 마음을 정한다.

두 아들을 만난다는 큰 기쁨을 안고 비행기 트랙을 밟는다. 한 발짝 또 한 발짝 비행기 안으로 모습을 감춘다.

김포가도 들녘에는 황금빛 가을이 풍요롭고, 구름 한 점 없이 높고 푸른 하늘에는 고향 들녘의 가을같이 빨간 고추잠자리 떼가 날아다닌다.

잘린 매화나무 가지와의 만남

요즘 동경(東京) 씨는 열심히 글을 쓰고 있습니다. 그가 글을 쓴 동기가 어느 봄날 잘린 매화나무 가지와의 만남으로 이루어졌기 때문에 「잘린 매화나무 가지와의 만남」이란 제목으로 글을 쓰기 시작한 것입니다.

지금부터 18년 전으로 거슬러 올라갑니다. 1996년 동경(東京) 씨 나이가 55세 한창일 때였습니다. 아직은 젊으니 힘도 있고 또 스스로 일할 능력도 있다고 생각할 때였습니다. 그때 어떤 회사 관리 담당 이사로 재직하고 있었습니다.

동경(東京) 씨의 이름이 회사 정기 인사 때에 없었습니다. 이름이 없다는 것은 회사에 출근하지 말라는 통보였습니다. 말 그대로 해고를 당한 것입니다. 사전에 한 마디 귀띔이나 언질도 없는(해고할 때는 어떤 회사를 막론하고 다 이렇게 하는지는 알 수 없습니다) 일방적 일이었습니다. 그에게 어떤 귀책 사유가 있었던 것도 아니었습니다. 사유라면 회사가 어렵다는 것이었으며, 동경(東京) 씨와 같이 입사했던 또 한 사람 업무부장과 함께 두 사람이 어려운 회사의 속죄양으로 희생의 제물이 되었다 해야 할 것 같습니다. 그때 그의 가족 구성원은 처와 딸 둘, 아들 하나였습니다. 위로 딸 둘은 대학을 다녔으며 아들은 고등학생이었습니다.

일생을 사는 동안 가정을 가지고 동경(東京) 씨와 같은 나이가 되면 돈의 수요가 가장 많을 때인데, 그때에 실직을 한 것입니다. 공급자인 아버지가 실직을 당했으니 동경(東京) 씨는 말할 것도 없거니와 가족들의 상실감 또한 매우 컸습니다. 아이들이 눈치를 보면서 저희들끼리 앞으로 어떻게 해야 하나 서로 의논하는 것 같았습니다. 아무 걱정 없이 자라고 공부해야 할 나이에 무능한 아버지를 둔 까닭에 하지 않아도 될 걱정을 시킨다 생각하니 아이들 볼 면목이 없었습니다. 살아오면서 가장 괴로웠고 마음 아팠던 순간이었습니다.

요즘 말로 하면 명퇴입니다. 요즘엔 정상적으로 지급하는 퇴직금 외에 위로금 명목으로 몇 개월, 경우에 따라서는 십수 개월 치 월급을 더 지급하는 회사도 있지만 그때 그 시절 다른 회사는 어떠했었는지 몰라도 동경(東京) 씨 회사에서는 근로기준법이 정하는 것 외는 한 푼도 없었습니다.

옷을 벗은 후 가만히 지난 세월 더듬어 보았습니다. 무엇이 잘못되었는가? 어디에서부터 잘못이 비롯되었는가? 어려운 일 앞에 되돌아보는 시간을 가지게 된 것을 또 하나의 성장통(成長痛)이라 하기에는 나이가 너무 많은 것이 아닐까 하다가, 몸이 크는 것이 아니라 마음이 크는 기회를 받는 것이라 생각을 고쳐 먹었습니다. 비우고 버리며 '더' 보다 '덜' 을 사랑할 자기반성의 시간과 쇄신의 기회를 받은 것이라 생각하며 스스로 위로의 마음을 가져보기도 했습니다. 어쨌거나 그만둔다는 그 자체는 싸움에서 패배(敗北)한 자의 모습은 영 지워버릴 수 없었습니다.

그동안의 회사생활 가운데서 자기가 간부라면서 여러 사원들 앞에서 한 여러 말들이 생각났습니다. 특히 조직 구성원 앞에서 교육한다면서 흔히들 사용하는 말 중에서 세 가지 유형이란 용어를 쓴 것이 기억났습니다. 신입 사원 교육에서 동경(東京) 씨가 이런 말도 했습니다.

"여러분은 회사에 꼭 필요한 사람이 되십시오. 아니, 없어서는 안 될 사람이 되십시오. 있으나 마나 한 사람도 있고 있어서는 안 될 사람도 있습니다만 여러분 모두는 안 될 사람이 되도록 노력하십시오. 있어서는 안 될 사람이 아니고 없어서는 안 될 사람, 즉 바꿔 말하면 꼭 회사에 필요한 사람이 되십시오."

라는 말을 교육을 한답시고 즐겨 사용했습니다. 그 말이 나쁜 말은 아닌데 부메랑이 되어 동경(東京) 씨 귀에 들려오는 것 같았습니다. 한 치 앞을 모르면서 까불어대는 꼴이 아니었을까? 자신이 쳐놓은 덫에 걸려 넘어지는 몰골은 아니었을까? 더욱 여러 사람들 앞에서 교육이랍시고 한 말 중에서 이런저런 유사한 말들은 없었을까?

아니, 자기 자신을 몰라도 너무 몰랐습니다. 자기가 회사에서 필요 없는 사람이 되어 내치이는 꼴을 당한 건 혹 거들먹거리는 내 모습이 비쳤기 때문은 아니었을까? (어떤 경우에도 그러한 모습은 아니었다 하지만 혹 다른 사람들 눈에는 그렇게 비칠 수도 있었겠다는 생각은 동경(東京) 씨를 자신을 못 견디게 옥죄었습니다.) 많은 시간 동안 머리 꼭뒤가 간지럽고 주위 사람들이 손가락질을 하는 것 같은 착각마저 들어 몹시 괴로웠습니다. 쫓겨났다는 선입견에 자식들 보기가 부끄러웠고 주위 사람들 보기 민망했습니다. 패자의 모습을 스스로 돌아보게 합니다. 패배자의 처절한 모습으로 자신의 몰골이 비춰집니다. 어쩌면 그러한 사정으로 안으로만 오그라들고 밖으로 다니기 불편함을 느끼며 대인기피증이 생겨 두문불출할 수도 있겠다는 생각이 드는 것입니다. 저 멀리 서산마루에 해가 기울어지고 어스름이 넓은 들판에 드리워지며 비마저 추적추적 내리는 논길을 축 처진 어깨하며 고개 숙인 모습으로 걸어가는, 그렇게 늙지 않았는데도 처절한 자기의 모습이 천장을 바라보는 그의 눈앞에 어른거리며 스크린 속의 한 컷으로 투영되어 지나갑니다.

그러한 가운데에도 마음 한편에는 같이 근무하면서 마음으로 서로 정을 나누었던 여러 중견 간부들이 해준 진정에서 우러나는 위로의 말들이 마음에 위안을 주고 용기를 가지는 데 많은 보탬이 되었다 해야 할 것 같습니다. 특히 나이가 동경

(東京) 씨보다 십수 년이나 아래인 어느 한두 친구는 희망을 접었다며 동반 퇴직을 하겠다고 했습니다. 그중에 한 명은 누차 말려도 끝내 듣지 않고 같이 회사를 그만두고 스스로 창업했는데, 그 모습은 동경(東京) 씨로 하여금 그렇게 못 살지는 않아서 하는 자기변명의 구실이 되었습니다. 어쩌면 희망의 언질이 되기도 했습니다. 혼자 일을 하는 것이 아니라 함께 일하는 조직원 모두의 능력이 십분 발휘될 수 있도록 하는 것이 조직 관리의 기본이라는 철학을 가지고 나름대로 조직을 관리해 왔다는 자부심은 이심전심으로 전해져 동경(東京) 씨의 퇴직을 앞두고 그래도 많은 직원들의 진심이 담긴 위로를 해준 것입니다.

동경(東京) 씨 스스로 자신감을 가져봅니다. 더욱이 윗분에게는 할 말을 하고 아랫사람은 너그럽게 대하며 포용을 해야 한다는 동경(東京) 씨 스스로 사회생활 · 회사생활의 철학과, 마음을 주어야 한다는 인간적이고 보편적인 선한 가치는 서로가 공감하는 구실이 되어 많은 세월 흐른 지금까지도 마음을 터놓고 주고받을 수 있는 인간관계를 유지하고 있습니다. 이 경험은 마음에 크나큰 자산이 되었습니다. 돈은 잃었지만, 아니 벌 수 있는 여러 날 여러 달의 기회를 잃었지만 여러 친구와 마음을 쌓을 좋은 기회가 주어졌다는 생각은 위안이 되었습니다. 상업적으로 맺어 하나의 끄나풀 같은 연결도, 손을 비비고 아첨하며 이 눈치 저 눈치 보면서 굽실거리고 할 말 못하면서 얻은 인간관계도, 익(益)이 없으면 언제나 차버릴 수 있는 가벼운 것도 아니라 인간적으로 맺어 순수와 열정 · 때 묻지 않은 영혼의 교감으로 이루어진 맑은 마음의 교류였다는 자부심은 많은 세월이 흐른 지금까지도 만나면 이야기에 꽃을 피우게 해줍니다. 진정으로 마음을 주고 또한 받을 수 있는 친구가 있다면 성공한 인생이란 말은 동경(東京) 씨에게는 크나큰 위안으로 다가옵니다.

오늘 이 글을 쓰면서도 지난 과거를 더듬습니다. 한 떨기 장미 같은 그리운 연인을 그려보듯 이곳저곳을 여행하면서 나눈 미소를 그려보면서 자신도 모르게 빙그레 웃음을 지어봅니다. 회사에서 일어나는 여러 가지 일들 중 사람에 대한 일은 옥(屋)에서 내침을 당하는 것이 아니라 하나의 옥(조직이나 직제)이 허물어지는 것이라 생각하면서도 이해와 협조로 결론을 얻는다면 모든 세상일이 불가항력적인 요소에서 발생하지는 않아 마음에 우러나는 동의는 할 수 없어도 당하는 입장에서 분노는 하지 않을 것이라 생각해 봅니다. 그러니까 어떻게 보면 이러한 조그마한 일들이 생략됨으로 해서 생기는 분노와 좌절은 깊은 상처를 만들며 마음을 상하게까지 해 큰 분노를 가슴 가운데 자리하게 합니다. 이 뼈아픈 교훈을 스스로 곱씹어 보기도 하지만 하나의 무너지는 옥이 된 사람으로서 답을 드릴 수 있는 입장이 아니니 가슴만 쓰리고 아프기만 할 뿐입니다.

돌이켜보면 회사생활이 봄날 바지랑대 위에 갓 빨아 널어 펄럭이는 한산모시같이 더러움 하나 없었다 할 수 없지만 적어도 우리 선조들이 입었던 무명적삼이나 같은 광목으로 만든 핫바지(겨울바람이 가랑이 사이로 들어오는 옷이지만 없으면 그나마도 견딜 수 없는) 같은 내가 아니었을까, 또 업적을 쌓은 인물이라 할 것까지는 없겠고 있으면 표가 나지 않는 대신 없으면 구멍이 숭숭 뚫리는 바람막이 같은 존재가 아니었을까 합니다. 그것은 동경(東京) 씨가 그만두고 꽹과리 소리며 징 소리며 북 소리로 회사를 며칠 동안이나 어지럽게 한 것을 스스로를 돌아보아도 부끄럽지 않았다고 자신하게 하는 이유입니다. 또 사람은 일생을 사는 동안 바람 잘 날이 없다는 말을 흔히들 합니다. 본인 자신이 바람(범죄를 저지르는 경우, 잘못된 행동을 한 것 등)을 일으키기도 하고 생각지 않는 곳으로부터 바람(구조조정, 개혁, 변화, 쇄신, 혁신)이 미풍으로 다가오기도 하고 강풍(불경기)을 만나기도 하며 또 다른 바람, 즉 광풍(IMF 등 국가적 일들)이 폭우를 동반해 휘몰아치기도 합니다. 미풍이든 강풍이든 광풍이든 가진 사람들에게는 하등 문제 될 것이 없지만 그렇지 못한 사람에게는 깊은 상처가 될 수밖에 없습니다. 지금도 그럴 것이며 미래 또한 같을 것입니다. 지금 이 시간에도 그러한 아픈 현실 때문에 안타까운 일들이 일어나고 있는 것입니다.

많은 기업들이 좋은 시절에는 이런 날이 언제까지나 계속되겠지 하면서 미래 대비는 생각지도 않고 흥청망청하다가 어려움이 다가오면 구조조정이라면서 가장 손쉬운 방법인 자기 발로 걸어서 나갈 수 있는 사람의 목을 자르는 일을 우선순위로 두고 있습니다. 다른 그 어떤 조치보다 손쉬운 방법이기 때문입니다. 미리 볼륨을 키우거나 줄여 대처하거나 물자를 줄이고 설비를 개조하고 선투자를 하는 등 선제적인 대응은 하지 않고 칼끝을 종업원에게 향하는 것입니다. 인원을 줄여라 한마디면 모든 것이 일사불란하게 거침없이 조폭의 조무래기 같이 잘 보이려 김밥 잘 마는 이들이 흔히들 저지르는, 윗사람 지시라면 물불 가리지 않고 하는 짓들일 것입니다.

이익이 나면 빼돌리고 적자가 나면 더 많이 빼 돌린다는 말도 있습니다. 그리고 부도가 나면 은행과 결탁하여 그동안 뇌물을 주고 빼돌린 돈으로 머리 아프게 경영이다 뭐다 하지 않고 유유자적하며 골프를 치며 세월을 낚는 사람들을 봅니다. 기업을 하는 것은 이러한 재미 때문이기도 하다는 말을 골프를 치면서 무용담같이 하는 사람들도 있음을 가슴 아프게 생각해야 합니다. 분명 모든 기업인이 다 그러한 것은 아닐 것입니다. 다만 의외로 우리 주위에는 그러한 기업인도 존재함을 부인할 수 없는 현실임을 슬퍼해야 할 것입니다. 기업가 정신은 어디 가고 자기의 잇속만을 추구하는 못된 기업인도 없지 않습니다. 회사 돈을 빼내어 부실기업을 만들고는 공적 자금으로 메워 자기는 전혀 손해를 입지 않은 아주 못된 기업인도

이 사회에는 의외로 많습니다.

회사의 사장은 물이며, 종사하는 종업원은 들녘에 동물이고 식물이며 사는 생명체와 같은 존재입니다. 물은 생명의 근원입니다. 근원인 이 물이 맑아야 사는 사람도 동물도 식물도 정상적인 성장을 할 수 있습니다.

나는 가끔 생각해 보곤 합니다. 왜 우리 선조들은 흰옷을 입었을까? 동방예의지국이니만큼 마음은 물론 몸까지 깨끗해야 한다는 이유에서일까? 그러나 흰옷을 흰옷답게 뽀얗게 입으려면 자주 빨아야 합니다. 그냥 물로 씻어서는 안 됩니다. 양잿물로, 그것도 삶아 빨아야 합니다. 이 모든 것도 먼저 맑은 물이 전제되어야 합니다. 더러운 물은 모처럼 삶아 빤 하얀 옥양목 바지저고리도 쓸모없게 만들고 맙니다.

물은 근원입니다. 근원인 그 물은 강에서 흘러 모든 들녘을 적십니다. 강이 맑지 못하면 들녘의 사람도 곡식도 짐승도 온갖 나무나 풀도 정상적인 삶을 살지 못합니다. 들녘의 모든 살아 있는 것은 다 헛것이 되고 맙니다. 이는 하나의 교훈이며 삶의 지표이며 반면교사이며 지혜이기도 합니다. 따라서 기업가인 사장은 맑은 물의 정신을 가져야 합니다. 그래야만 온 들녘을 살찌울 맑은 물과 같은 역할을 할 수 있을 것입니다. 그러지 않으면 들녘의 모든 것을 죽이는 더러운 물이 되어 온 들녘을 황폐화시킬 것입니다.

회사는 사원을 가족이라 말합니다. 가족은 온갖 어려움이 있다 하더라도 함께 가는 구성원입니다. 말은 쉬워 가족이라 말하면서도 조금만 어려우면 목을 자를 궁리부터 합니다. 차라리 가족이란 말을 사용하지 말든지 아니면 한 사람이라도 목을 자를 때는 심사숙고하며 친절한 설명을 하든지 하는 일이 필요하지 않을까요? 그렇게 하면 원망을 쌓는 일은 줄어들고 없어질 것입니다. 원망하며 분노하는 일들은 하지 않을 것입니다.

동경(東京) 씨는 많은 생각들을 하면서 회사를 그만두었습니다. 마음으로 받아들일 수는 없었지만 어쩌겠습니까? 좋게 그만두는 것이 서로를 위해서도 좋을 것 같았습니다. 또 이왕에 헤어지는 마당에 분란을 조장하기보다는 회사를 위해서 마지막 봉사하는 심정으로 회사 직원들을 강당 겸 식당에 모아놓고 퇴임의 변을 했습니다. 자기가 회사를 떠나더라도 남아 있는 여러분이 한마음으로 뜻을 모아 회사를 이익이 나는 기업으로 만들어줄 것을 당부했습니다. 이렇게 좋은 얼굴로 한 뒤 변변치 못하여 어려움에 처한 회사를 보면서 물러났습니다. 아직은 젊다는 생각이 위로가 되었습니다.

동경(東京) 씨가 회사를 그만둔 것을 아는 어떤 지인이 털어버릴 것은 빨리 털어버리고 잊을 것은 하루빨리 잊는 것이 최고의 무기라면서 빨리 잊는 방법은 새로운 것에 도전하는 것이라며 자기 경험담을 얘기했습니다. 메이커의 대리점을 하면 먹고사는 데는 지장이 없을 것이라는 조언을 했던 것입니다. 목이 좋은 곳이란 단서는 있기는 했습니다만 아내와 의논을 했습니다. 아내는 한사코 장사는 하기 싫다는 것이었습다. 여러 사람을 상대하는 것 자체가 싫다는 것입니다. 그러나 어쩌겠습니까? 다시 취직하기도 쉽지 않을 뿐 아니라 하기도 싫었습니다. 그래도 내가 할 수 있는 것 중 가장 손쉬운 것, 돈만 있고 마음만 먹으면 할 수 있는 장사를 택한 것입니다. 싫다는 아내를 설득했습니다. 문만 열어 놓으면 제가 다 하겠다고 당신은 그저 구경하는 셈 치면 된다고 말입니다. 이 말은 장사를 시작한 후 며칠이 지나지 않아 본의 아니게 거짓말이 되고 말았습니다.

여기저기 목이 좋은 곳을 찾아 발품을 팔았습니다. 도시 전체를 샅샅이 뒤졌습니다. 정말 목이 좋은 곳은 세가 엄청 비싸고 권리금 또한 수월찮게 많이 달라 하였습니다. 수억을 요구하는 곳도 있었습니다. 울며 겨자 먹기로 어쩔 수 없이 좋은 곳으로 했습니다. 메이커에서 현지답사를 나와 실사를 해보고 목이 좋은 곳이라야 대리점 계약을 해주니까요. 메이커 입장에서는 권리금은 어떻게 되었든 계약만 하면 자기 물건을 팔 수 있어 좋고, 또 대리점 점주에게 장사만 잘되면 권리금은 항상 살아 있는 것이니까 이자는 없지만 저금해놓은 것으로 생각하면 된다는 틀리지 않은 무기로 가맹점을 많이 모으는 역할을 톡톡히 한 것입니다. 그도 일리 있는 말이라 여겨졌습니다. 그래서 한 곳을 택해 계약을 하고 장사를 시작했습니다.

목이 좋은 곳이라 그러한지 아니면 이름 있는 메이커라서 그러한지 장사가 잘 되었습니다. 이 정도면 윗사람의 눈치를 보면서 구태여 직장생활을 왜 했나 하는 생각이 들 정도였습니다. 그런데 처음 장사를 시작할 때 아내에게 내가 다할 테니 당신은 그저 구경하는 셈 치라는 말은 공염불이 되고 말았습니다. 동경(東京) 씨가 지금보다 젊기는 하지만 주름진 얼굴을 하고 옷을 팔겠다고 아가씨와, 아니 젊은 여자 손님들과 비싸네 싸네 대화가 되겠습니까? 옷을 사러 왔다가 얼굴을 보고는 도망가지나 않을까 하는 생각이 들 정도이니 자연히 매장 일은 아내 차지가 되고 동경(東京) 씨는 아침이나 저녁에 셔터(Shutter)를 열고 닫는, 말로만 듣던 셔터맨 역할과 물건이 오면 나르고 진열하는 짐꾼 역할밖에 다른 도리가 없었습니다. 그래도 어느 정도 장사가 되는 것을 위안으로 삼고 점포 근처에서 바둑이다, 잡담이다, 가끔은 술이다 하며 시간 죽이는 일로 소일하고 있었습니다. 어떤 일을 하든 무슨 생각을 하든 상관없이 시간은 가고 세월은 바뀌었습니다.

1997년도를 맞이합니다. 연초부터 심상찮은 한국 경제에 대한 우려는 연말이 되기 전에 IMF라는 괴물을 만나게 됩니다. 국민이면 다 겪는 어려움입니다만 동경(東京) 씨에게는 아주 크나큰 시련으로 다가왔습니다. 정말이지 모든 것이 엉망진창이 되었다고 해야 옳을 것입니다. 그런대로 괜찮던 장사는 하루아침에 나락(那落)으로 떨어졌습니다. 매출이 하루아침에 반 토막, 아니 그 이하로 떨어지는 것입니다. 시간이 지나면 좀 나아지겠지 생각하고 줄일 것 줄이고 좀 견뎌보자 생각했습니다만 한 달이 가고 두 달이 가도 회생할 기미가 보이지 않는 것입니다. 조급해졌습니다. 엎친 데 덮친 격으로 그때 둘째 아이가 미국 연수 중이었습니다. 880원 하던 원—달러 환율이 1,700원, 1,800원까지 올라가는 것입니다. 송금하기가 무척 힘이 들었습니다. 장사도 되지 않는데 적지 않은 점포세는 꼬박꼬박 드려야 하니 기가 막히는 것입니다. 좀 더 견뎌 볼 요량으로 건물 주인에게 찾아가 장사가 나아질 때까지 세를 조금만 낮춰 달라 말씀드려도 일언지하에 거절당했습니다. 건물을 여럿 가지신 돈 많은 분인데 참 모질고 인정머리 하나 없는 무서운 분이라 느꼈습니다. 돈 많은 사람이 더하다는 말이 거짓이 아니었습니다(물론 예외는 있을 것입니다).

할 수 없이 장사를 그만두기로 마음을 먹었습니다. 점포세며 전기료며 한 사람뿐인 종업원 월급이며 기타 경비며 도저히 마련할 수 없을 만큼 돈이 턱없이 부족했기 때문이었습니다. 유지비가 적어도 월 1천만 원 정도 들어갔습니다. 둘째는 잘 설득하여 중도에 귀국시켰습니다. 살아오면서 자기 하고 싶은 공부를 마치지 못하고 중도에 귀국하도록 한 것이 무엇보다도 괴로웠고 지금까지도 둘째에게 미안한 마음 가지고 있습니다. 자식의 일이 그 무엇보다도 괴롭다는 것을 절실히 느꼈습니다. 세상에 모든 자식들에게 이렇게 외치고 싶습니다.

"네 부모 내 부모 가리지 않고 모든 부모들은 세상 어떤 일보다 자식의 일이 먼저이고 우위에 있다는 것을 알아주었으면 싶다."

목이 좋은 곳이라 점포는 내놓기 바쁘게 다른 업종을 하려고 원하는 사람이 나타났습니다. 다 겪는 IMF이지만 어려운 중에도 되는 장사는 있었던 모양입니다. 더 늦기 전에 처분하는 것이 옳을 것 같아 많이 준 권리금이지만 턱없이 적은 금액을 받고 넘기고 손을 탁탁 털었습니다. 두 번째 시련을 맞이한 것입니다.

첫 번째 실직 때에는 그래도 아직 나이가 젊다고 생각되어 뭐 할 것 있겠지 생각이 들고 그렇게 두렵지 않았는데 3년이 지나 60대의 바로 코밑에 와 있다고 생각을 하니 이젠 더 움츠러들고 막막했습니다. 50세와 60세, 그러니까 5와 6의 하나의 차이가 그렇게 큰 줄을 그때 알았습니다.

두 번째 장사 실패는 한층 자신을 잃게 하고 두려움을 가지게 했습니다. 장사의 실패가 제 잘못은 아니라 하더라도 어떻든 실패는 실패이니까요. 더욱이 지난 세월 동안 근검절약하며 모은 돈으로 노후를 대비하여 사 두었던 조그마한 점포를 처분해야 하는 딱한 처지가 되고 말았습니다.

사람들은 보통 어려움이 닥치면 나는 그렇게 잘못 산 적도 없는데 하느님께서는 왜 이렇게 큰 시련을 주시는가 하며 원망합니다. 대들기도 하고 따지기도 하고 시비를 겁니다. 하느님이 뭐 이래 하면서 분통을 터뜨리기도 합니다. 그러다 시간이 지나면 타협하기도 하고 복종하기도 하며, 어떤 사람은 완전히 돌아서서 나쁜 길로 가기도 합니다. 하지만 거의 모든 사람은 다시 정신을 차리고 다시금 자기 갈 길을 찾기 마련입니다. 동경(東京) 씨도 많은 고민을 했습니다. 무엇을 할 것인가? 어떻게 할 것인가? 무엇이 잘못되었는가? 달리 다른 방법은 없었던 것이었는가? 별의별 생각이 다 들었습니다. 이러다간 잘못 생각할 수도 있겠구나, 극단적인 방법을 택하는 사람들의 마음을 이해할 수 있는 자신을 돌아보면서 스스로 놀랐습니다. 동경(東京) 씨는 자신의 마음을 추슬렀습니다.

지금 생각해 보면 처음 당하는 일이라 그런지 너무 서둘렀다는 생각이 듭니다. 그 권리금이면 동경(東京) 가족 다섯 식구가 한 5, 6년은 아무 일하지 않고 놀고먹어도 살아갈 수 있는 많은 돈이었습니다. 어려울수록 돌아가라는 속담과 돌다리도 두드려보고 건너라는 속담은 새겨들을 말이었습니다. 특히 지금 무엇을 할 것인가 고민하시는 분이 있다면 한 번 더 심사숙고하시기 바랍니다.

그렇게 막막하던 중에 같이 근무했던 회사의 또 다른 중역분들이 그만두면서 회사 일부 시설을 가지고 나와 회사 내 적당한 장소를 임차하여 천을 짜는 조그마한 회사를 만들었습니다. 동경(東京) 씨도 그 회사 마지막 공정 일부를 맡아 많은 돈을 들이지 않고 함께 사업에 동참하게 되었습니다. 다른 그 무엇을 하기 위해 물색하던 중에 주지 않을 수도 있고 또 다른 사람에게 줄 수도 있는 것인데 함께하자는 제안을 받으니 그때 고마움은 이루 다 말할 수도 없습니다. 몸담고 있던 곳이기도 하니 여러 사정을 잘 알며 믿을 수 있었습니다.

직원 3명과 함께 단출한 식구로 출발했습니다. 일종의 하청회사 형태였습니다. 일감은 모 기업에서 공급하니 걱정이 없었고 성실하게 검사하여 불량품 없이 넘기기만 하면 되는 그러한 일이었습니다.

생활비를 벌기 위하여 움츠렸던 마음을 추스르며 또 다른 무엇을 하기 위하며 온갖 것들과 씨름하던 때였습니다. 이런 살기 위한, 아니 생활을 위한 또 한 번의 생각은 가슴을 답답하게 하였으며 머리를 아프게 했습니다. 그러니 같이 하자는 제안에 이것저것 돌아보거나 따져볼 겨를이 없었습니다. 선뜻 받아들일 수밖에 없는 처지였습니다. 많은 돈은 아니지만 동경(東京) 씨 가족이 생활할 정도의 금액은 되었습니다.

어느 정도 생활이 안정되고 나니 자연스럽게 주위를 돌아보게 되었습니다. 이렇게 세월만을 보내야 하는가 의문을 가지게 됩니다. 동경(東京) 씨가 가족을 위한, 아니 자신을 위한 또 다른 그 무엇은 없는 것일까 고민하던 어느 날이었습니다. 아내가 동경(東京) 씨에게 하느님을 믿는다면 그냥 이렇게 건성으로 믿을 게 아니라 무엇을 알고 확실하게 믿어보자 했습니다. 이렇게 믿는 것인지 믿지 않는 것인지 모를 정도로 신앙생활을 하면서 어떻게 하느님의 사랑을 받을 수 있고 따질 수 있느냐 하는 것입니다. “내가 네 행위를 아노니 네가 차지도 아니하고 뜨겁지도 아니하도다. 네가 차든지 뜨겁든지 하기를 원하노라. 네가 이같이 미지근하여 뜨겁지도 아니하고 차지도 아니하니 내 입에서 너를 토하여 버리리라." 하는 〈요한 계시록〉 3장 15 · 16절을 얘기하면서 더 나은 신앙을 위해 성경 공부를 하자는 것입니다.

보통 집에서 아침저녁 일상생활 기도며 생활 전반에서 일어나는 신앙적인 면은 동경(東京) 씨는 잊기도 하고 또 건너뛰기도 하고 게으름을 피우기도 하지만 아내는 철저한 편이었습니다. 그러니 직장에 나가지 않은 몇 달 동안 동경(東京) 씨의 신앙생활을 본 아내는 아마 마음에 드는 구석이 없었던 모양입니다. 그러니 조금 생활이 안정이 되자마자 고치자고 마음을 먹고 성경 공부를 하자 하지 않았을까 생각이 들었습니다.

그전에도 동경(東京) 씨는 아내의 권유로 가끔은 성모당에 가서 성모님께 마음에서 우러나는 기도를 드리기도 했습니다. 가족을 위해서 또 다른 원을 마음에 담아 하느님께 이루어 주십사 매달리기도 했습니다(하느님께서 어머니 성모님을 통한 기도를 잘 들어 주시라 믿기 때문입니다). 그러다 보니 자연히 가톨릭타운에 어른들에게 성경을 가르치는 학교가 있음을 알았습니다. 아내는 성경심화반에 등록하여 하느님 말씀을 공부하자는 것입니다. 하느님을 잘 알 수 있는 지름길은 하느님 말씀을 공부하는 것이라는 것입니다.

이도 일리 있는 말이란 생각에 아내와 둘 성경심화반에 등

록을 하였습니다. 공부 시간은 일주일에 한 번 목요일 오후 14시부터 16시까지 2시간 수업이며 장소는 성모당과 인접해 있는 유스티노신학교 2층 강의실이었습니다. 이곳에는 대구 대교구청과 가톨릭대학교 신학대학 및 평신도를 위한 각종 단체가 있으며, 많은 신부님들이 묘지에서 평안히 누워 잠들고 계시는 남쪽 따뜻한 가톨릭타운이기도 합니다.

수업은 재미가 있었습니다. 하느님을 잘 알기 위하여 말씀 한 마디 글자 하나에 집중하면서 열심히 공부했습니다. 더욱이 성경을 가르치는 분이 유머도 많으시고 명강사로 이름이 올리신 신부님이라서 해박한 지식을 가지고 계셨고, 그 옛날 예수님 시대에까지 거슬러 올라가 시대상과 배경까지 설명해 주시는 것입니다. 꽤 넓은 강의실은 200여 명의 수강생으로 만원이었습니다. 거의 젊은 여자 분들이라 강의 전에는 재잘 재잘 깔깔깔 시끄럽고 소란스러우나 신부님이 들어오시고 강의가 시작되면 어느 한순간 쥐 죽은 듯 조용해지는 것이 신기할 정도였습니다. 항시 강의실에는 공부 시간에 까르르 웃는 소리로 활력이 넘쳤고 배우려는 열기는 천장 높은 줄 모르고 열기로 꽉 차 후끈 달라 올랐습니다.

이렇게 재미를 느끼며 공부하던 초봄 어느 날이었습니다. 오후 4시 수업을 마치고 집으로 돌아오는 길이었습니다. 짧지 않은 봄 해는 아직도 서쪽 하늘 비스듬히 걸려 있었습니다. 보통 집으로 올 때는 신학교 마당을 지나 운동장 겸 주차장으로 나와 차를 타고 성직자 묘지를 왼쪽에 두고 나오는 꼬불꼬불한 길을 이용하였습니다. 그날도 아내와 함께 걸어 나오는데 마침 정원에서 정원사 아저씨가 새봄맞이 나무 가지치기를 하고 있었습니다. 나무 아래를 보니 여기저기 잘린 나뭇가지가 따듯한 봄볕을 맞고 있는 가운데 죽어 널브러져 있었습니다. 별 생각 없이 정원사 아저씨에게 나무 밑의 가지를 가리키며

"저 나뭇가지 좀 주워 가져가도 되겠습니까?"

하며 여쭈었습니다. 아저씨가 웃으시면서

"찬미예수님."

하시면서

"그럼 되고말고요."

하시는 것입니다.

"고맙습니다."

고개를 숙이면서 동경(東京) 씨는 일고여덟 개의 가지를 주섬주섬 주워가지고 아내와 함께 차를 몰고 집으로 돌아왔습니다. 매화나무 가지를 수돗물에 깨끗하게 씻었습니다. 그리고 지름이 한 뼘쯤 되는 화병에 적당히 물을 채워 가지를 꽂고 문갑 위 십자가상 아래 성모님 상 옆, 동경(東京) 씨 집에서 가장 좋은 자리에 놓아두었습니다. 화병에 가지를 꽂으면서 이 가지가 꽃을 피우고 또 짙은 향기를 피울 것이라 생각하지는 않았습니다. 가지고 왔으니 그저 에멜무지로, 체면치레로 꽂은 것이었습니다. 그리고 저녁이 왔습니다. TV를 보다 오늘

배운 성경 구절을 묵상하면서 잠자리에 들었습니다.

봄날 어쩌다 아카시아 꽃 필 무렵 산등성이를 지나다 보면 코끝을 살짝 스치는 바람결에 풍기는 짙은 그 향기, 저 먼 청춘 뒤안길 비좁은 통학 열차 안에서 책가방은 선반 위에 올려놓고 앉을 자리가 없어 등의자를 붙들고 지나가는 산을 바라보며 깊은 생각에 젖어 있는 반들 윤기 나는 눈을 가진 검정 교복을 입은 단발머리 여학생의 하얀 칼라 속 유독 길어 보이는 목, 전등 불빛에 보송보송 솜털이 드러난 흰 목덜미가 더욱 아름다운 소녀의 청초한 모습에서 풍기는 그 향기. 꿈인가 생시인가 잠결에 코끝을 건드리는 알 수 없는 향기에 반사적으로 일어나 보니 남쪽 창밖에는 밝아오는 어슴푸레한 여명(黎明)이 희끄무레 방안을 비추고 앞산('대덕산' 이란 고유 명사가 있습니다만 대구 사람 거의 모두가 '앞산' 이란 보통명사를 사용합니다. 앞산은 대구 앞쪽(남쪽)에 있으니 자연스러운 일입니다. 아우르고 있는 3개구는 남쪽 또는 동남쪽 · 서남쪽에 위치하며, 달성군은 북쪽에 위치하나 언제부터인지 몰라도 앞산이란 부를 때에는 경북이었습니다만 광역시에 편입 이후에도 계속 앞산이라 부르고 있으니 고유명사로 바뀌었다 해야 할 것입니다)이 검은 윤곽으로 동경(東京) 씨 방 창문 앞에서 존재를 나타내고 있었습니다.

부스스 일어나 마루로 나왔습니다. 전기 스위치를 찾아 불을 밝혔습니다. 아! 이게 어찌된 일입니까? 환한 마루에는 그림이 된 화병 안의 매화가 막 꽃망울을 터뜨리려 하는지 올망졸망 볼록이 망울이 맺고 있고, 봄날 짙은 안개 속 가로수 길을 거닐다 보면 가까이에서부터 아득한 저 멀리까지 나무와 온갖 식물들이 뿌리듯 촉촉이 내리는 이슬비 같은 매화 향기가 흥건히 온 마루를 적시는 것입니다. 잘린 매화나무 팔다리에 꽃망울이 맺히고 온 향기가 마루 가득 진동하니 감탄스럽다 못해 신비함까지 느끼는 것입니다. 사람들은 조그마한 가시가 손톱 밑에 박혀도 아프다며 호호 콧김을 불어넣으면서 온갖 호들갑 다 떨며 경천동지(驚天動地)하듯 하나 매화는 말 한 마디 없이 꽃을 피우고 온 마루를 향기로 가득 적시는 것입니다.

타산지석(他山之石)이라, 남을 보고 깨우치고 본을 받으라 했는데 남을 보고 배울 것이 아니라 말 못하는 매화를 보고 배워야 할 것 같습니다. 매화가 원한 것도 아닌데 사람들은 마음대로 팔다리 잘라놓고 그것도 모자라 자기 것인 양 매화에게 물어보지도 않고 지나가는 사람들에게 나눠줍니다. 그런데도 매화는 생판 모르는 남의 집 거실에서, 그것도 흙도 아닌 조그마하고 비좁은 화병 안에서 물이라고 서너께 주어도 불평 한 마디 없이 꽃망울을 맺고 짙은 향기를 지어 뿜어냅니다. 식물은 죽어 썩어도 냄새 풍기는 일이 없습니다. 자리 나쁘다며 이리저리 거쳐 옮기는 법도 없습니다. 때려도, 지나가다 괜한 화풀이로 발로 툭 차도 아프다는 말 한 마디 없습니다. 주어진 곳, 그 자리에서 장렬히 전사하거나 선 채로 살며 그 자리를 변화시켜 자기도 함께 삽니다.

한번 보십시오. 식물이 자기 마음대로 이리저리 거처를 옮겨 여기 있던 나무가 저기로 가고 저기 있던 나무가 여기로 와 살덥니까? 유독 사람만이 살 때 양택(陽宅)이니 하며 삶(생활)의 자리로 좋은 곳 찾아 번질나게 이사하기도 하고, 죽으면 음택(陰宅)이니 하면서 누울 자리로 어디 가좋은지 용하다는 지관 수소문하며 많은 돈 들여가면서 시간과 힘 허비합니다. 누만 년 세월 속에 살다 간 필부필부(匹夫匹婦)도 왕후장상(王侯將相)도 한 줌 흙 외 뭐 남은 것 없음을 잘 알면서 왜 사람들은 오늘도 내일도 허망(虛妄)만 쫓아갑니까?

우리 조상들은 아들딸 시집 장가 들 때 길일 보고 택일하여 혼례 치르고 지관 모셔 묘터 보고 명당이란 곳 골라 아버지 어머니 묻었거늘 잘사는 이 못사는 이 다 있었기 마련입니다. 잘 살고 못사는 것 다 자기 하기 나름임을 알았으면 싶습니다. 더욱이 조선 역대 왕들은 모두 다 최고 권력자들이니만큼 죽은 후 당대 최고의 지관들을 모셔와 음택(陰宅)지로 가장 좋은 곳 찾아 왕릉을 만들어 모셨건만 조선왕조가 무너지는 비운은 또 무엇으로 설명을 해야 할 것입니까? 애초에 좋은 터, 나쁜 터 있기보다 죽으면 썩어 빨리 흙으로 돌아가는 곳이 최고의 명당일 것이며 명당에 연연하여 노력하지 않고 잘되기 바라기보다는 사람이든 조직이든 개인이든 국가이든 사는 모든 사람들이 최선을 다해 노력하는 것이 백번 옳은 일일 것입니다.

유독 사람만이 살아생전에 몸에 좋다며 그 무엇도 그 어떤 것도 가리지 않고 먹고 마십니다. 또 삶이 고약하고 온갖 나쁜 짓들을 다 골라 가며 행하다 보니 지은 죄 많아 죽으면 썩는 냄새가 다른 어떤 생명체보다도 그렇게 지독하고 고약한가 봅니다. (짐승이나 사람은 먹이를 다른 생명을 빼앗아 얻으니 늙으면 보기 싫고 추합니다. 식물은 모두가 햇빛, 공기, 물, 땅에서 얻으니 세월 흐르면 더 멋있고 근사하게 보는 것은 아닐까요? 더욱이 사람은 온갖 못된 짓 다 하여 얻고도, 요리라며 찢고 쪼개고 삶고 굽고 뜨고 기상천외한 방법을 다 동원하여 만들고선 맛있다 하니 지은 죄 많아 늙으면 더 추하고 더럽고 죽으면 냄새 또한 지독한가 봅니다. 어떤 냄새보다도 송장 썩는 냄새는 가장 지독하니 이는 먹는 것과 관계 되는 것일 터입니다.)

아! 말해 무엇하리오, 사람들이여! 어느 것과도 견주지 말고 매화만 하십시오. 오늘도 화병 안의 매화는 하나 남김없이 다 주고 갑니다. 아름다운 몸매(꽃)를 자랑하고 짙은 마음(향기)으로 코를 애무하며 가슴 저 깊은 곳까지 전합니다. 달라 말하지 않아도, 응석 부리며 보채지 않아도, 잘 봐 달라 뇌물 주지 않아도, 공갈치며 윽박지르지 않아도, 미인계로 꾀지 않아도, 권모술수를 부리지 않아도 우직하게 정직하게 살아갑니다. 가진 것 많다며 자랑삼아 살짝 한 줌 보탬도 없이, 가진 것 없다며 슬쩍 하나둘 뺌도 없이 다 주고 갑니다. 나른 한 봄날 졸음에 겨워 고개 끄덕이며 쉬고 있는 내 마루에서 화병 안의 잘린 매화는 꽃을 피우고 내 속 깊은 곳까지 감미로운 향기 가득 채워 주었습니다.

매화 향기에 흠뻑 취한 기분 좋은 봄날, 그 봄날이 갑니다. '이것이었군.' 하면서, 잘 알면서 왜 사람들은 오늘도 내일도 허망(虛妄)만 좇아가는가요? 우리 조상들은 아들딸 시집 장가 들 때 길일 보고 택일하여 혼례 치르고 지관 모셔 묘터 보고 명당이란 곳 골라 아버지 어머니 묻었거늘 잘사는 이 못사는 이 다 있었기 마련입니다. 잘살고 못사는 것 다 자기 하기 나름임을 알았으면 싶습니다.

동경(東京) 씨는 자기도 모르는 사이에 종이 위에 한 자 두 자 적기 시작했습니다. 무엇인가 마음속에서 줄기차게 속삭입니다. 하나의 선(線)이 되었고 길이 되었고 그림이 그려졌습니다. 잘만 정리하고 정돈하고 다듬으면 될 것 같은 마음이 들었습니다. 첫 작품인 「성모당의 매화」는 이러한 과정을 통하여 세상에 나오게 되었습니다.

첫 작품인 「성모당의 매화」를 적어봅니다.

성모당의 매화

어제 가지치기한
성모당(聖母堂) 매화를 화병에 꽂아 놓으니
아침에 꽃이 피었다.
잘린 나뭇가지에 꽃 피고
짙은 향기 온 마루를 가득 적시니
그 경이로움이 신비스럽다.
사람들은
자기 손톱 밑에 박힌 조그마한 가시도
아파 소리도 내고
호호호 콧김 불어 넣으며
호들갑 다 떨기도 하지만
팔다리 잘린 화병 안 매화는
말이 없이 꽃을 피우려 올망졸망 앙증맞게 꽃망울을 맺는다.
식물들은
좋은 곳 찾아 이리저리 거처 옮기지 않고
지나가다 발로 툭 차도 아프다 말하지 않고

몸 잘려 죽음에 떨며 분노하지 않고
썩어 없어짐에 냄새 풍기지 않는다.
오늘 가지고 온 화병 안의
팔다리 잘린 성모(聖母)당 매화
길지 않은 이 봄을 맞는다.

대구대교구 성모당 매화

첫 작품인 「성모당 매화」를 쓰고 다시 시(詩)를 풀어 산문(散文)으로 썼습니다.

산문 「어느 봄날 잘린 매화나무 가지와의 만남」은 동경(東京) 씨의 어려웠던 지금까지 삶의 한 과정을 적은 글입니다. 시를 쓰면서 지금까지 동경(東京) 씨의 삶의 한 과정을 깊게 생각하게 되었습니다. 토막토막 삶의 과정이 투영되도록 나름대로 뒤돌아보며 분석하고 점검하였습니다.

산문의 제목은 매화나무 밑에 죽어 널브러져 있는 잘린 매화나무 가지를 얻어 온 것이 글을 쓴 동기가 되었으니 당연히 「어느 봄날 잘린 매화나무 가지와의 만남」이라고 지어야 된다고 생각했습니다. 그리고 이 산문에서 「하기 나름」이란 시를 뽑아내고 「쑥」을 탄생시켰습니다.

동경(東京) 씨 가슴 안에 깊숙하게 자리 잡은 글에 대한 욕구는 어디서 비롯된 것일까요? 지난 젊은 날, 40여 년을 거슬러 올라가 더듬었습니다. 호롱불을 밝히면서 밤을 지새우던 그때를 생각했습니다. 박종화 선생님의 『자고 가는 저 구름아』를 읽으면서 사람이 살 수 없는 삼수갑산, 그 영원한 유배지인 그곳을 통일이 되면 가장 먼저 찾아가 보고 싶은 곳으로 정했던 그 시절이 되살아났습니다. 지금도 그 마음 변함이 없습니다(저는 금강산 관광은 의도적으로 참여하지 않습니다. 내 나라를 내 발로 걸어가는데 허가를 받아서 남의 눈치나 보면서 그렇게는 갈 수는 없었습니다. 내 마음 가는 대로 내 발길 닿는 대로 갈 수 있을 그날이 올 것이며 그리 오래 기다리지 않아도 될 것이라는 믿음이 저에게 있습니다. 그때 마음 놓고 자유로이 다닐 것입니다. 삼수갑산은 물론이며 이성계가 아들 태종 방원을 못마땅하게 생각하여 사신마저 죽이고 가두었다 하여 '함흥차사'로 유명한 함흥도 제 발로 걸어가 보고 싶습니다). 그리고 이광수 선생님의 『사랑』, 『무정』, 『흙』과 심훈 선생님의 『상록수』를 읽었습니다. 만주 벌판에서 나라 잃은 설움에 몸부림치며 대한 독립을 위하여 목숨 바친 수많은 선각자들의 겨레 위한 나라 위한 높은 뜻을 기리며 배웠습니다.

이상화 선생님의 「빼앗긴 들에도 봄은 오는가」를 읽으면서는 눈물을 감추지 못했습니다.

지금은 남의 땅— 빼앗긴 들에도 봄은 오는가?

나는 온몸에 햇살을 받고
푸른 하늘 푸른 들이 맞붙은 곳으로
가르마 같은 논길을 따라 꿈속을 가듯 걸어만 간다.

그리고 칼 힐티의 『잠 못 이루는 밤을 위하여』를 읽으면서 밤을 지새운 지난날을 생각하며 자판기를 두드렸습니다. 젊을 때 잠들기 전까지 엎드려 호롱불 옆에서 하루에 한 권의 소설책을 읽었던 그때가 생각났습니다. 철학을 전공하여 인간의 내면까지를 들여다볼 수 있는 사람이 되고 싶기도 했습니다. 한 자 두 자 적었습니다. 이렇게 쓴 글 중 「성모당의 매화」 외 4편이 2007년 『현대문학』 시 부문에 당선되었으며 이듬해 2008년 『문학예술』 여름호에 「금호강 피라미」 외 2편의 시가 당선되어 동경(東京) 씨는 시인의 길 걷고 있습니다. 그 후 산문 여러 편을 유무명의 잡지에 기고, 활자화되는 기쁨을 누리고 있습니다. 직장을 그만두고 암울했던 시간들, 방황의 그림자 속에 가두어진 혼미한 정신으로 먹고 살기 위하여 이것을 할까 저것을 해볼까 여기저기 겨누면서 노심초사했던 그 수많은 날들을 생각했습니다. 하느님께서 진정 나를 이렇게 버려둘 것인가 원망하며 집 가까이에 있는 성당 못 공원 벤치에서 시간을 허비하면서 자신을 돌아보았습니다. 못 주위에 산재해 있는 축 처진 버드나무 같은 동경(東京) 씨 어깨에 부드러운 손을 얹으시면서 온화한 음성으로

시몬(천주교 세례명)아 깨어나라
네가 가야 할 길
네가 해야 할 일
젊을 때 네가 한창일 때 즐겨 하던 일
읽고 쓰며 밤을 지새우던 그 일이
네가 할 일이며
네가 가야 할 길이니라

하시는 하느님의 현시(顯示)의 말씀을 듣게 됩니다.

영화에서나 보듯 공원 벤치 나무와 나무 사이 앉은 자리에 하늘에서 한 줄기 빛이 비추며 하느님의 온화한 음성이 들리는 듯했습니다. 안다 하소서 하면서 하느님께 매달렸던 구원의 요청이 응답으로 동경(東京) 씨에게 들려오는 듯했습니다.

그래서 생각을 가다듬었습니다. 글을 쓰기 시작했습니다. 분명 하느님의 또 다른 계획을 동경(東京)씨는 본 것입니다. 이렇게 버려두지 않을 것이라는 믿음에 더하여 아내의 권유로 성경 공부를 하게 되었고, 어느 봄날 신학교 교정을 나오면서 잘린 매화나무 가지와의 만남이 늦었지만 자신에게 또 다른 달란트가 있음을 알게 해 주셨습니다.

사람은 어떠한 경우에도 일어설 때 일어나야 하며, 앉을 때는 주저 말아야 합니다. 결심 또한 마찬가지입니다. 결정하기 전까지는 자로 재듯 견주어보고 여기저기 두드려보고 꼬집어 보고 하더라도 한 번 결심이 서면 밀어붙이는 박력 또한 있어야 합니다.

잘린 매화나무 가지를 보면서 만물의 영장이란 사람들이 움직이지 못하는 식물보다 못한 것이 어디 한두 군데이며 한두 가지이며 한두 사람일까 반문해 봅니다.

하기 나름

어제 뜨는 해도
오늘 뜨는 달도
다 같은
해와 달이거늘
사람들이 만들어
첫 해니
대보름이니 한다.
누만 년 세월 속에
숱한 사람 다
왔다 살다 갔다
이름 있는 왕후장상(王侯將相)도
이름 없는 필부필부(匹夫匹婦)도
한 줌 흙 외에 남은 것 그 무엇 있는가?
길흉화복(吉凶禍福)도 잠깐 세월의 부산물일 뿐
거기에 큰 의미
부여할 것 없다.
옛사람 다 지관(地官) 모시고 와

묘터 보고 좋다 해 장사 지내고
아들딸 모두 다
길일(吉日) 잡아 혼인시켰다.
그러나
잘사는 이 못사는 이 다 있기 마련
잘살고 못사는 것은
다 자기 하기 나름
이것저것 따지고 해서
얻어지는 것
하나 없음을 알았으면 싶다.

동쪽 하늘에 돋는 아침 해

귀신도 섬겨야 찾아오는 법이다. 귀신같이 안다는 말도 있다. 그런 귀신이 자기를 섬기지도 않는데 찾아올 리는 만무한 것이다.

땅을 보라 명성 있는 지관을 불러도 이름 있는 무속인에게서 점괘(占卦)를 봐도 태어날 때 만들어진다는 사주팔자를 풀어 봐도 문을 열라는 듯 굿판 벌여도 온 천지가 떠나갈 듯 야단법석을 쳐도 아무 소용이 없다. 다 헛된 짓이다. 이러한 것을 믿기보다 그런 여력이 있으면 더 노력하고 더 열심히 일하고 더 연구하는 것이 백번 옳은 것이다.

한순간의 운명, 그 갈림길이 무엇을 했다고 그렇게 결정되는 것이 아니고 많은 세월 그 시간 중에 우연의 일치로 좋아질 수도 있고 나빠질 수도 있는 법이다. 점을 쳐서 그리되었다, 좋은 터에 묻어 그리되었다, 굿판을 벌려 그리되었다, 그것은 믿을 것이 못 된다. 그것이 무엇의 힘을 빌려 그리되었다면 왕후장상은 사고도 없어야 하고 또 죽지 않아야 되는 법이다.

처음에는 좋은 곳이라도 지각의 변동으로 나쁜 것, 곳으로 바뀔 수도 있는 법이다. 이 세상의 모든 기준은 이 세상에 한하며, 살고 있는 이 지구에 해당하는 것이다. 지구를 떠나면 기준도 달라진다. 하루 24시간도 1년 365일도 수성이 다르고 목성이 다르듯이 다 달라진다. 무한한 우주 공간 그 어디에 지구와 같은 인격체가 산다면 아마 그 기준은 지구와는 많이 다를 것이다. 그러니 이 세상에는 절대란 있을 수도 없으며 있지도 않다.

오직 만드신 분만이, 즉 하느님만이 유일무이하지 않을까 생각된다.

손 없는 날

돈 들여
손 없는 날을 택일하여
이사를 갔다.
온 식구가 너무 고단하여
잠든 틈에 밤손님이
용케도 값나가는 것은 다 찾아
몰래 소리 없이 사라졌다.
애당초 택일하지 않는 것만 못하다.
사주 궁합 길흉화복
정말 많이 가리는 사람
하루 평안한 날 없고
무시하고 사는 나 같은 사람
잡신도 귀찮아 아예 거들떠
보지도 않는다.
세상사 다 마음먹기 달린 것
청하지 않는 집에 손님 찾아오지 않듯이

무시하고 지나다 보면
귀신도 제 괄시 받기 싫어
얼씬거리지 않는다.

동경(東京) 씨의 고향은 영천입니다. 고향에는 아직도 동경(東京) 씨 큰누님께서 청상과부의 몸으로 혼자 시골집에 살고 계십니다. 그러니까 결혼해서 시집에서 한 3년 정도 한 생활을 끝으로 지금까지 근 80여 년을 한 번도 거처를 옮긴 일 없이 태어난 곳에서 사십니다. 1945년 해방이 되고 3년이 지난 후 동경(東京) 씨 큰누님은 결혼하신 지 2년 지난 시점에 매형께선 임고면사무소 서기였으며 한청련 훈련부장으로 좌우의 싸움이 한창일 때 우익의 최일선에서 낮에는 면서기 일을 보고 휴일에는 한청련 훈련부장으로 마을 청년들을 훈련을 시켰으며 밤에는 마을 사람들을 좌익으로부터 보호하기 위하여 마을 청년들과 경비를 서시는 등의 1인 3역의 바쁜 활동을 하시다가 1948년 5월 23일 23시경 운주산(포항시와 영천시 경계에 있는 산)에 은거 중이던 무장 공비(지역 출신 다수 포함된 공비)의 습격으로 싸우다 전사하셨습니다.

경북경찰국 애국단체 순직 대장에 기록된 내용을 소개하면 아래와 같습니다.

성명 : 박동기

직책 : 한청련 훈련부장

내용 : 임고면 전산(前山)에서 무장 공비의 기습을 당하여 지서원과 합세, 전투 중 후산(後山)에서 전사(戰死)

이렇게 기록되어 있습니다(위 내용을 근거로 국가유공자 신청해서 대법원에서까지 다툼을 가졌습니다만 경북경찰국의 국가 기록물보다 70세 넘은 노인의 증언을 채택하여 기각되고 말았습니다. 위 내용이 사실이라면 죽어 매형을 만나도 볼 면목이 없을 것입니다. 당시 증인의 나이는 15세였으며 눈으로 목격한 것이 아니고 자기도 다른 사람이 말하는 것을 들었다고 말했습니다. 항간에 과거에는 어지간하면 다 유공자로 해주었으나 그러다 보니 너무 유공자가 많아져 지금은 무척 까다롭다고 하는 이야기가 도는데 시간에 따라 세월에 따라 유공자도 들쑥날쑥 하는 인상을 지울 수 없습니다).

생과부 혼자 시가(媤家)에서 사는 것이 시가 어른들 보시기에 딱하게 보이셨는지 친정에 가 있기를 권하여 돌아오셔서 어린 동생들과 함께 사셨습니다.

그때부터 어린 동생에게 누님은 누님이 아니었고 어머니였으며, 어머님이 계셔도 어머니였고 더욱 어머님이 돌아가신 후는 더더욱 어머니였습니다.

세월 흘러 어린 동생들이 장성하여 결혼을 하였고 다들 살길 찾아 시집으로 직장으로 삶의 터를 도회로 또는 다른 곳으로 옮겨가도 생과부 큰누님은 어머님 노과부와 함께 부모같이 형제같이 친구같이 의지하며 고향집에서 사셨습니다. 그렇게 십수 년 사시다 어머님도 돌아가신 후에는 마당 넓은 집에서 생과부로 혼자 사셨습니다.

어머님 돌아가신 후 그 수많은 날들 누님의 삶을 되새겨 봅니다. 눈물 마를 날이 있었을까 생각하면 제 눈시울이 뜨거워짐을 느낍니다.

동경(東京) 씨는 객지에서 생활하다 가끔 큰누님을 뵙기 위해 시골집을 찾곤 합니다. 그러던 어느 날 집에 가니 동경(東京) 씨의 집이, 꽤 마당 넓은 집인데 한 평도 남지 않고 왕복 4차선 산업도로에 들어갔습니다. 사람이나 물류의 원만한 이동을 위해 새로운 도로 만드는 것 누가 마다하겠습니까만 그 뒤처리가 미흡한 것이 원인(육교 밑으로 건너다)이 되어 온 우주와 바꿀 수 없다는 여러 동네 어른 분들의 목숨을 앗아가는 교통사고가 발생했습니다. 새로운 도로를 만들 때에는 주위 환경과 돈이 얼마나 들 것이며 여러 가지를 감안하여 지하에 농로(통로)를 만들 곳은 만들고 육교를 세울 곳은 세워야 하는데 같은 돈을 들여 하루 종일 건너는 이 하나 없는 육교(선전물이나 광고물을 부착하는)를 세워두고 그 위를 올라와 건너라 하는 것입니다. 3, 4초만 건너는 곳을 목숨을 걸고 건너보라는 것과 별반 다름이 없어 보입니다.

왜냐하면 각종 성인병으로 고생하시는 노인 분뿐인 시골 마을 육교 오르면 고통의 길, 고생의 길, 아픔의 길이니만큼 육교 위로 올라갈 수 없는 마음 당연한 이치 아니겠습니까?

어떻게 노인 분들이 작지 집고 한 계단 두 계단 육교를 올라가 건너겠습니까? 그래서 그를 빗대어 「도로 위 육교」란 시를 썼습니다.

그리고 시 「도로 위 육교」를 풀어 「길」이란 산문을 발표했습니다.

길

세상에는 길이 참 많습니다. 발톱 갈라진 네 발 가진 멧돼지가 새끼를 여러 마리 거느리고 아무리 다녀도 길이 되지 않던 산 여러 곳이 사람이 한번 지나고 또 지나가면 길이 되는 그 길과 이 골목, 저 골목도 있습니다. 좁은 길, 넓은 길도 있습니다. 울퉁불퉁 자갈길도 삐딱 빼어 딱 비탈길도 있습니다. 오르락내리락 산길도, 삐까 뻔쩍 융단 길도 있습니다. 시원하게 뻥 뚫린 4통8달 승차감 좋은 아스팔트 포장 길도 있습니다.

이 많고 많은 길 중 어느 길이 좋은 길이며 어느 길이 그렇지 않은 길일까요? 길에 무슨 좋고 나쁜 길 있겠습니까? 용도에 따라 기능이 다르지만 딱 한 가지 길이라 만들어 두었는데 하루 한 사람도 다니는 사람이 없다면, 아니 각종 선전물이나 광고물을 부착하고 선전하는 데 더 잘 이용된다면 길이기보다 벽보판일 것입니다. 더욱이 오르락내리락 육교라 관절염, 척추협착증, 신경통 등 각종 성인병으로 고생하시는 노인들 계단을 오르면 힘들고 괴롭고 아파하십니다. 이는 길로서 가치가 없어 많은 돈 들여 애초에 만들지 말았어야 할 육교이니

▍산엔 오솔길도 있습니다

나쁜 길이라 해야 할 것입니다. 어떻든 가야 할 길이라면 가지 않을 수 없는 길이기도 합니다. 바쁜 일로 가는 사람은 뻥 뚫려 싱싱 달릴 수 있는 승차감 좋은 넓은 아스팔트 포장 길이 좋을 것이고, 유유자적하며 사(死)는 무엇이며 생(生)은 또한 무엇인가 하며 온 우주를 가슴에 품고 인간의 고민을 송두리째 짊어진 채 명상에 잠겨가는 사색인에게는 울창한 숲 속 오솔길이 제격입니다. 어업으로 살아가는 사람들에게는 바닷길이 삶의 터전이기도 하고 하늘을 나는 비행기는 사람이나 짐승은 걸어서 갈 수 없는 구름 속에서도 허공중에 길을 만들어 가기 마련입니다. 어느 길로 가는 것이 맞는 길이며 옳은 길인가? 그야 길 따라가는 길 무엇 때문에 가는가 알고 바로 가는 길이 옳은 일이지요.

걷고 달리고 버스 타고 자가용 · 비행기 타고 가는 길이 있는 반면에 말은 같은데 뜻이 전혀 다른 길 또한 있습니다. 물질의 이동을 위하여 만들어진 길이 아니고 인간의 길, 즉 도리(道理). 바꿔 말하면 사람으로서 살아가면서 지켜야 하는 길도 있습니다.

곧 태어날 남산만 한 배를 안고 산고(産苦)로 신음하며 뒤뚱이는 산모는 산부인과로 가는 길이 당연한 것이며 온갖 세상 풍파 다 겪고 마지막 긴 병고로 신음하다 이승을 하직한 죽은 사람은 화장장으로 가는 길이 옳은 길입니다. 공무원은 국민을 섬기러 가야 하고 선생님은 학생을 가르치러 가야 하며 정치하는 이는 국리민복을 최우선에 두고 가야 합니다. 이게 어긋나서 공무원이 국민을 부리려 하고 선생이 학생들을 가르치기보다 자기 잇속 챙기려 빨건 띠 매고 데모를 합니다. 신뢰할 수 있는 여론 조사에서 언제나 직업군(職業群) 꼴찌인 파렴치한이 많은 집단인, 정치인 아무리 얼굴 붉히는 일에 이력이 났다 해도 지

모든 것 다 주고 간 600여 년 된 고목

금 세상에는 달라져야 하는데도 옛날과 같이 사리사욕(私利私慾)에 눈이 먼다면 나라든 사회이든 되는 일 없지요.

길 따라가는 사람 다 목적이 있어 갑니다만 어떤 경우에는 길인지 모르고 가는 사람도 있고, 몽유병자같이 비몽사몽간에 정신없이 길이 있으니 가야지 하면서 가는 사람도 있으며, 또 할 일 없이 가는 사람도 더러 있습니다. 그러나 개중에는 자기가 가야 할 길이 아닌 길인 줄 뻔히 알면서 마음먹고 작정하고 계획하고 가는 사람도 있습니다.

사람들 중에 문제가 되는 사람은 바로 자기가 가야 할 길을 가지 않고 가지 말아야 될 길 가는 사람들입니다.

이 길이 자기가 갈 길이라고 생각하면서 과속도 추월도 없이 묵묵히 가는 많은 사람들이 나라를 지탱하는 기둥이지요. 길인지 아닌지 모르고 가는 사람 더러 있습니다만 이들은 가더라도 별반 문제될 것이 없지요. 왜냐하면 이런 사람들은 옆에서 조금만 가르쳐 주어서 금방 길이 아님을 알게 해 돌아 나오게 하거나 다른 바른길로 가게 하면 되기 때문입니다. 그러나 마음먹고 작정하고 계획하고 가지 말아야 할 길이라는 사실을 뻔히 알면서 가는 사람들이 정말 문제인 것입니다.

아무리 뻥 뚫린 승차감 좋은 아스팔트 포장 길을 좋다고 해도 바쁜 사람이 브레이크 없는 벤츠를 몰고 씽씽 달려 본다고 생각해 보십시오. 이 짓은 자기도 죽고 남도 죽이는 길이 되고 마는 것 아닙니까? 더군다나 브레이크 없는 것 뻔히 알고 작정하고 몰고 나왔다면 아주 큰 사고 칩니다. 그렇다고 뻥 뚫린 승차감 좋은 아스팔트 포장 길을 사색한다면서 어슬렁거리다가는 이 세상 사람 아니지요.

마음먹고 자기가 갈 길 아닌 것을 알면서도 가는 사람들 중 큰 놈은 큰 사고치고 자그마한 놈은 조그마한 사고를 칩니다. 자기 혼자 소매치기 하는 놈은 부스러기 쌈짓돈이나 축내지만 이것저것 머 거창한 것 맡은 놈은 온통 나라를 결딴내기도 합니다. 그래서 머리만 좋아서는 되지 않지요. 좋은 머리 삐딱하면 더 큰 사고 칩니다. 인성 교육을 강조하는 이유도 여기에 있습니다.

바라옵니다. 뭐 이런 사람 없나요? 머리도 썩 좋고 공부도 열심히 해서 석박사 다 따고 거기다 마음 좋고 심성은 곱고 의협심은 강하고 정의롭고 불의를 보고 참지 못하는 사람, 결단력 있고 대의(大義)를 중히 여기는 갖출 것 다 갖춘 우리 시대 영웅 없나요? 하루 이틀, 한두 달, 일이 년이 아니라 제 목숨 다하는 그날까지 나라 생각하고 나라 사랑하는 바른길 가는 우리 시대 영웅 말입니다.

걸어가고, 달려가고, 타고 가고, 업고 가고, 이고 가고, 함께 가고, 같이 가고, 놓고 가고, 가지고 가고, 욕심 많게도 이것저것 온갖 것 다 가지고 가려다 종래는 다 놓고 빈손으로 가는 인생 마지막 길도 있습니다. 이 길 저 길 길 따라오다 보니 이 마지막 길까지 와 버렸습니다.

길에 아침 출근길이 있고 저녁 퇴근길이 있습니다. 길에 인생이 있고 길에 모든 것 다 있습니다. 길은 파인 데 메우고 솟은 데 낮추고 관심 가지고 돌보면 길 다운 길, 길로서 가치가 있는 길로 다시 만들어집니다. 인생의 길도 마찬가지가 아닐까 생각합니다. 조금 모자란다 해도 관심 가지고 돌봐주고 칭찬해주고 보살펴주고 지원해주면 대개는 바른길 갑니다.

아무리 좋은 길이라도 제어장치(신호등, 차선 표시, 중앙분리대, 교통 보조 시설물) 등 흐름을 원활하게 하는 장치(신호등, 방향 지시등)는 있어야 합니다. 인생의 길에도 참고 견디며 인내하는, 이해하고 용서하며 보듬어주며 겸손할 줄 아는 마음처럼 길거리 신호등과 같은 제어장치를 가져야 합니다.

사람의 길을 가느냐 짐승보다 못한 길을 가느냐는 자기가 어떻게 하느냐에 달렸지만 주의의 관심도 또한 무시할 수 없습니다. 교육하고 베풀고 배려하고 관심 가지고 길 보수하듯 하면 바른 길 좋은 길로 다시 만들어집니다.

그러나 종래(從來)는 "사람아, 너는 자유인. 옳고 그른 것을 분별할 줄 아느니만큼 선택은 너 자신이 하여야 하며 책임 또한 자기 몫임을 알아야 한다." 라는 말씀과 같이 하느님이 인간에게 준 자유는 의지의 산물이니만큼 잘 쓰고 못 쓰는 것 또한 자기 책입니다.

뒤처리

옷을 살 때
먼저 매무새가 마음에 들면
질감이 어떤지 만져 보고
박음질 상태 즉 봉제 선은 일정한지
실밥 처리 등 외모가 깔끔해야 사려는 마음이 생긴다.
오늘같이 비 오는 날
길을 가다 보니 도로 하수구 맨홀 옆에
흘러 들어가야 할 물이 많이 고여 있다.
버스나 택시가 휭하니 지나가니
흙탕물이 산지사방으로 흩어진다.
멋 나는 옷 폼 나게 입고 나왔다.
더럽힐까 봐
예쁜 아가씨 화들짝 놀라 소리치며 뛰어 옆으로 비껴난다.
고인 물은 옷의 깔끔하지 못한 봉제선이나 실밥 같은 것
매끄럽지 못한 일처리로 눈살 찌푸리게 하는 짓
어디 한두 곳 한두 개인가?

물 고인 도로

고르지 못한 봉제선은 입고 다니는 데 지장이 없고 실밥은 가위로 간단히 처리가 가능하다 해도 손님들은 쳐다보지도 않는다.

여기저기 고인 물

소비자인 국민의 눈에 들지 않아도

반품할 수 없는 불량품 같은 것이나 고치려면 수월찮이 돈과 노력이 든다.

애초에 마무리가 깔끔해야지

정보의 홍수 속에 소비자인 국민의 눈높이는 천장 높은 줄 모르고 올라가는데 생산자인 공무원의 눈높이는 제자리걸음이라면 불매 운동할 수도 없고 반품은 더더욱 안 된다면 벙어리 냉가슴 앓아야 하나 참 걱정이다.

끝으로 말씀드리고 싶은 내용을 간추린다면

1. 좋은 인연은 선업(善業)을 쌓게 해 좋은 일로 이어집니다. 자선 사업이 그렇고 기부 문화 또한 같습니다. 나쁜 만남은 악업(惡業)으로 점철(點綴)되어 악의 구렁텅이로 빠지게 합니다. '끼리끼리' 란 이를 두고 하는 말이며 살아가면서 어떤 사람을 만나느냐에 따라 삶이 달라집니다.
2. 모든 부모들은 세상 어떤 일보다 자식의 일이 먼저이고 우위에 있음을 알아주었으면 싶습니다.
3. 어려울수록 돌아가라는 속담과 돌다리도 두드려 보고 건너라는 속담은 새겨들을 말입니다. 지금 무엇을 할 것인가 고민하시는 분이 있다면 한 번 더 심사숙고하시기 바랍니다.
4. 만물의 영장이란 사람들 움직이지 못하는 식물보다 못한 것이 어디 한두 군데이며 한두 가지며 한두 사람일까요?
5. 자기 혼자 소매치기하는 놈은 남의 호주머니 쌈짓돈이나 축내지만 이것저것 뭐 거창한 직책(일) 맡은 놈은 온 나라를 결딴내기도 합니다. 그래서 머리만 좋아서는 되지

않지요. 좋은 머리 삐딱하면 더 큰 사고 칩니다. 인성 교육을 강조하는 이유가 여기 있습니다.

앞의 작품 「화가」에서 박 군이 화가가 될 수 있었던 가장 큰 이유는 자신의 노력인 것입니다. 그러나 노력할 수 있도록 힘을 준 것은 선생님과의 만남이며 박 군은 진심 어린 선생님 말씀에서 자신을 얻은 것이다.

그리고 「쌍둥이의 탄생」에서 보듯 어떤 가정에서 자라느냐에 따라 인생이 달라지는 것을 우리는 본다. 같은 씨 같은 배에 한날한시 태어난 일란성 쌍둥이의 운명도 사주팔자에 있지 않고 어떤 사람 어떤 가정에서 자라나느냐에 달려 있음을 우리는 알 수 있다.

또한 「잘린 매화나무 가지와의 만남」으로 해서 꽃망울을 보고 향기를 맡으며 글을 쓰는 동기를 얻어 작가의 길을 갈 수 있도록 힘이 되었다는 고백을 듣는다.

이와 같은 만남의 중요성은 아무리 강조해도 지나치지 않다.

그렇기 때문에 사람은 어떤 사람을 만나느냐에 따라 운명이 바뀔 수 있음을 알고 내가 네게, 네가 내게 길이 될 수 있고 덕이 될 수 있고 선이 될 수 있고 미가 될 수 있도록 서로에게 좋은 인연이 될 수 있도록 만들어 가야 한다.

느린 걸음 하늘나라 동행

오늘도 선생님은 저녁 잡술 시간이 한참 멀었는데도 이른 저녁을 잡수시고 나갈 차비를 하십니다. 17시 45분 여름 한낮 태양은 아직도 서쪽 하늘이 멀다며 하늘 가운데를 비켜 서쪽 하늘을 향하여 가며 이글거리며 타고 있는데도 말입니다.

천천히 저녁을 맛나게 잡수시고 언제나 책상 위에 놓아두신 작은 가방을 챙겨들고 문을 열고 밖으로 나오십니다. 선생님의 집에서 전철역까지는 15여 분의 시간이 걸립니다. 젊은 사람의 걸음걸이로는 7~8분의 소요되지만 칠순이 지난 선생님은 걸음으로 배를 쓰고서도 숨을 헐떡이십니다. 두류역에서 10분이면 도착하는 영남대행 지하철을 타시고 반월당역에서 내려 환승하시어 대곡행 열차로 갈아타십니다. 12분 지나면 성당못역에 도착하십니다. 다시 계단을 힘겹게 올라오시어 앞 못 보시는 형제님 집까지 대충 15분 걸어 도착하시면 앞 못 보시는 형제님은 선생님이 도착하시기 전에 문밖에 나오시어 선생님을 기다리고 계십니다. 짧은 인사를 나누시고 선생님은 형제님의 가방을 받아 왼쪽 손에 자기 가방과 함께 들고 자기 오른쪽 팔을 형제님 손에 잡혀 왔던 길을 뒤돌아 성당못역으로 향하십니다.

언제나 화요일이면 어김없이 칠순을 넘긴 두 분 노인의 느린 걸음 동행을 봅니다. 성당못역에 다시 도착하는 일은 더욱이 앞을 보시지 못하시는 형제님과의 동행이므로 시간이 더 든다고 봐야 하겠습니다. 성당못역에서 안지랑역까지는 두 정거장, 4분이면 닿는 거리입니다만 안지랑역은 다른 역보다 더 깊이 자리하고 있어 층계(지금은 엘리베이터가 있습니다)를 올라오시려면 두 분 수고가 여간 아니십니다. 대덕성당까지는 두 분 노인분의 걸음걸이로 대충 15여 분 걸어야 도착할 수 있으므로 저녁 미사 시간 19시 30분을 제대로 지키기 위해서는 15여 분 여유 시간을 가져야 한다고 생각하시면서 모든 시간의 소용을 여기에 맞춰 행동하십니다. 노인 두 분 중 특히 한 분은 앞을 보시지 못하시므로 사고 등을 감안하면 17시 45분 출발을 선생님은 당연하다고 생각하십니다.

모든 길은 다 로마로 통하듯이 오후의 일정은 미사에 참여하고 레지오 단원으로 주 회합에 참석하는 것으로 계획이 모두 다 잡혀 있습니다. 두 분은 미사 시작 15분 전에 나란히 왼쪽 문을 통해 성당 안으로 들어오시어 넓은 성당 안 왼쪽 의자에 함께 앉으십니다. 경건한 마음으로 15여 분간 기도와 묵상으로 19시 30분 저녁 미사를 드리기 위하여 준비를 하십니다. 평일 미사는 약 30여 분 소요됩니다.

미사가 끝나면 다시 선생님은 앞을 보시지 못하시는 노인 분에게 왼팔을 잡혀서 밖으로 나오시어 성당 마당을 지나 교육관 2층 계단을 올라 204호 레지오 회합실에 가시어 여러 단원들과 같이 기도를 드립니다. 두 분도 여러 단원들과 함께 지난 일주일 동안 자신이 한 활동 보고하시고 앞으로의 활동을 다짐하시며 단원들과 서로 의견을 교환하시며 단장 지시사항을 들으시고 마침 기도를 바치신 뒤 다시 두 분이 같은 모습으로 오셨던 길을 되돌아 집으로 가십니다.

일주일에 한 번이지만 한 번도 빠지지 않고 미사와 주 회합에 참석하는 일은 혼자서도 그리 수월한 일이 아닐 것인데 노인 두 분이 더욱이 한 분은 앞을 보시지 못하시니 쉬운 일은 아니라 생각이 듭니다만, 두 분은 일 년 열두 달 한 번도 빠지는 날이 없으십니다.

우리들은 흔히들 봉사와 희생을 얘기합니다. 말을 할 때는 누구나 다 할 수 있는 일로 생각하지만 실제 행동하는 사람은 많지 않습니다. 더욱이 한 번 실천하는 것도 장려할 일이지만 이를 넘어 백 번, 천 번, 아니 일 년, 십 년 꾸준히 하시는 분들은 아마 어떤 경지(境地)에 오른 분들만이 가능한 일이라 말하고 싶습니다. 가장 보잘것없는 이에게 해준 것이 곧 나에게 해준 것이라 하신 예수님의 말씀을 실천하시는 이들 아닌가 생각합니다.

선생님은 일주일 레지오 주 회합 일인 화요일에는 어김없이 앞을 보시지 못한 형제님과 함께 자기의 왼팔을 잡혀 성당 문으로 들어오시고 함께 미사를 봉헌하시고 레지오 회합에 참여하신 뒤 오셨던 길을 되돌아갑니다. 인간 생활에 필요하여 만들어 사용하는 각종 일회용도 사람들이 어떻게 사용하느냐에 따라 유용할 수도 있고 잘못 버리면 쓰레기가 산더미를 이루는 법입니다. 봉사도 희생도 실적을 나타내기 위하여 누구에게 보이기 위하여 획 한 번으로 끝나면 받으시는 장애인이나 사회 약자 분들께 한껏 부풀어 올랐다 바람 꺼진 풍선처럼 더 큰 실망만을 안겨 주게 됩니다. 1년 365일 매뉴얼을 만들어 정한 날짜에는 빠지지 않고 실행하시는 분들은 거장이나 장인이나 달인이 되려고 쉼 없이 연습하듯 꾸준히 노력하여 어떤 경지에 오른 분들보다 더 높은 의지의 소유자라 해야 할 것입니다. 자기를 위한 일이 아닌 남을 위한 일에 온갖 정성과 열정을 다 바치니 말입니다.

선생님은 눈이 오나 비가 오나 바람이 부나 언제나 매주 화요일이면 앞 못 보시는 형제님께 왼팔을 잡혀 눈이 되고 지팡이가 되어 오후의 시간을 함께하십니다. 언제까지인지 여쭈어 보지는 않았지만 살아 계시는 동안에는 함께하실 것입니다. 아마 두 사람 중 어느 한 분을 자기 의지와 상관없이 하늘이 떼어 놓으시지 않으시다면, 또 다른 무엇이 방해하지 않으신다면, 현재와 같은 신체적 정신적 조건이라면 언제나 함께하실 것입니다.

두 분 오래오래 느린 걸음의 아름다운 동행을 볼 수 있기를 기도 드립니다. 오른손에 작지를 짚고 왼손으로 옆 노인분의 오른팔을 잡으신 할아버지, 그리고 오른팔을 앞을 보시지 못하시는 노인 분에게 잡히시고 왼쪽 손에는 조그마한 두 개의 가방을 드신 할아버지. 두 분 할아버지의 느린 걸음의 동행을 봅니다. 긴 인생의 느지막한 황혼의 동행을 빙그르 이슬 맺힌 눈으로 바라보면서 이 모습이 언제까지나 길게 이어지기를 기도하면서 스크린 속의 한 컷으로 내 마음속에 자리를 마련합니다. 쉽지 않은 아름다운 두 분 모습을 바라보면서 「느린 걸음 하늘나라 동행」이라 이름 지어 가만히 불러 봅니다.

미래 먹거리

미래는 어떤 사회일까? 많은 세월 지난 후 우리들의 후손은 무슨 생각을 하며 무엇을 먹고 어떤 환경에서 살아갈까? 할 수만 있다면 죽었다가 한 200년 지난 후 다시 살아나 보고 싶은 마음이기도 합니다.

아마 지금과 같은 발전 속도라면 훨씬 좋은 환경에서 살아가겠지요. 더구나 자원이 유한한 이 지구에서 많은 사람들이 잘살기 위해서는 무한한 자원을 이용하는 기술이 있어야 한다 생각해 봅니다.

무한의 자원, 바로 햇빛과 공기(산소 · 수소 · 탄산가스)와 바닷물 등 아무리 써도 없어지지 않는 에너지를 이용하는 것만이 유일한 방법일 것입니다.

지구가 가지고 있는 화석 연료를 비롯한 부존자원은 유한하여 시간이 지나면 동이 나 더 이상 사용할 수 없는 날이 옵니다. 그리고 지구 외에 다른 행성에 눈을 돌려 자원을 얻기 위하여 더 많은 노력을 한다 해도 이용할 수 있는 기회를 얻는 일은 더 험난한 길이며 엄청 어려운 길이기 때문입니다. 그렇다면 이 지구에서 무한한 자원을 이용하는 방법이 그런대로 쉬운 방법일 것입니다.

더구나 우리들은 세계 어떤 나라보다 머리가 우수하고 창의력이 있는 그리고 따뜻한 가슴을 가진, 한 번도 남의 나라를 침략한 적이 없는 민족 아닙니까? 이런 우리들이 해야 할 일은 더불어 살아가는 지혜를 가지는 것입니다. 남에게 해를 끼치지 않으면서 부강한 나라를 만드는 길, 그 길을 찾는 것입니다. 그 길은 어떠한 것으로 먹거리를 만드느냐 하는 것입니다. 즉 햇빛 · 공기 · 바닷물을 이용한 기술, 이를 발전시켜 미래 나라의 주 먹거리를 장만하는 데 필요한 공급원이 되어야 하겠습니다.

대구에서 서울 가는 고속도로 옆 산언저리 여기저기에 있는 태양광을 이용하는 발전 시설을 봅니다. 동해안 울진이나 대관령 목장에 있는 산 정상의 풍력 발전기를 봅니다. 또 바닷물을 이용하는 예를 들면 짠물을 민물로 바꿀 때 생기는 에너지가 분명 있을 것입니다. 물 부족도 해결하며 에너지도 얻고 일석이조의 방법이 아닙니까? 연구할 가치가 충분합니다. 또 전기 자동차의 상용화가 곧 이루어질 것입니다. 전기 생산은 또 다른 에너지을 이용해야만 하므로 가능하다면 햇빛, 공기, 바닷물 같은 아무리 사용하여도 없어지지 않는 자원을 이용하는 것이 가장 현명한 방법이라 생각합니다.

또 있습니다. 70%가 산인 나라에서 식물을 이용하는 연구는 더 말할 나위 없는 좋은 연구 아닐까요? 새 정부에서 얘기하는 창조경제는 바로 이러한 생각에 기초를 두어야 합니다. 머리 좋고 따뜻한 가슴을 가진 우리들은 이웃 일본과는 질적으로 다르다는 보여 주어야 합니다. 남의 것을 빼앗기 위해서 아니라 온 지구촌 모두를 먹여 살리는 다 같이 함께 잘살아가기 위한 일에 더 큰 꿈을 가지고 노력하면 기필코 우리 후손들이 열어가야 할 길을 이룰 수 있을 것입니다.

이러한 길은 앞서 가는 사람이 있게 마련입니다. 지금이 바로 그러한 사람이 나타날 시기일 것입니다. 박근혜 대통령의 창조경제가 그것을 말해 준다 해야 할 것입니다. 말로써 하는 창조경제가 아니고 행동으로 하는 창조경제, 그것의 큰 꿈을 햇빛 · 공기 · 바닷물을 이용하는 데서 찾아야 합니다.

바람이어라

하늘님 시간에는
영원 있지만
인간의 시간은
찰나(刹那)뿐이다.
천년도 지나간 어제인데
인간사 백 년이야
이 겨울
문풍지 울리며
그저
스쳐 지나가는
바람이어라.
바람이어라.

인간이어라

미켈란젤로 〈천지창조〉의 일부

존재하는 모든 것
그중에
으뜸은
인간이어라.
광대무변(廣大無邊)한
우주 공간에 존재하는
그 어떤 것보다
귀한 것

인간이어라.
하느님이 손수 흙으로 빚어 만드시고
혼을 불어 넣으셨으며
만드신 후에도
인간이
그 무엇이기에
얼마나
사랑하셨기에
자신이 만든
나쁜 인간들에 의해
십자가 위에서
죽임 당하시면서도
구원하심일까?

쑥

자기 몸 태워
남 위함이
빛을 발하는 초뿐인가?
쑥아 너는 네 몸 태워
기(氣) 발하여 인간에게 병(病) 이길 힘
길러주니
너 정말 장하도다.
너 자라는 곳
그리 좋지 않은 곳
끈질긴 생명력으로 버티기도 하고
버려진 환경에서도
무리 지어 사는 응집력(凝集力) 식계(植界)에서 으뜸이다.
네 몸 찧어 만든 떡
맛있어 좋고
향기 가득하니 더더욱 좋다.
미각 후각 즐거움 주고
병마에 신음하는 중생에게

대롱에 질그릇에 담겨
네 몸 하나 남김없이 보시(布施)하니
이보다 더한 희생
이 세상천지 어디 있다던
만물의 영장이라 자처하는
아 인간아
어디 견줄 것 없이
쑥
같이만 살아다오.

희생의 표상 쑥뜸

도로 위 육교

농촌 자연 부락
도로 낸다고 두 곳으로 동강 내어
3, 4초면 건너는 곳
하루 종일 한 사람 건너는 이 없는
육교 세워두고 올라와 건너가라 한다.
노인뿐인 농촌 마을
퇴행성 관절염 신경통 만성 척추 질환 등
각종 성인병
평지 걸어가기도 힘이 드는데
한 계단 두 계단 올라와 건너라 한다.
계단 오르면
아프고 괴롭고 힘겨워 3, 4초면 건너는 곳
유혹에 못 이겨 육교 밑으로 건너다 목숨 앗기는 것 네 잘못이지 내 잘못 아니라 한다.
국도 관리청도 읍사무소도 시청도
설계 시 조금 관심 가져
돈은 들겠지만(육교 건설에도 많은 돈 들었을 거야)

도로 한 3m 높이고 지하에 통로(농로) 만들었다면
불귀의 객 된 불쌍한 영혼 없었을 게야.
그래 놓고 비싼 돈 들여
하루 한 사람도 건너는 이 없는
광고물이나 선전물을 붙이는 육교 만들어 놓고
내 할 일 다했다 한다.
이건 정말이지 국민 세금으로 녹 먹는
사람들 할 짓은 정녕 아닐 것이다.

금호읍 교대리 육교엔 하루 한 명도 다니지 않는다.

사랑법

아름다운 앞산

올라가기 힘든 높은 산
태고(太古)를 유지하지만
앞에 있는 오르내리기 좋은 산
만신창이 되어 몸살을 앓는다. 가까이에 있는
모든 것 다 아끼고 가꾸어야 하는데 하는 짓은
살 맞대고 같이 사는 자기 아내
마음 부서지는 소리 듣지 못하고
밖에 나가서는 큰소리 한번 치지 못하면서

집에서만
자기는 사내라며
아내 구박하는 철 덜든 남편 같다.
자연이건 인간이건
자주 만날수록 사랑하는 방법 알고 사랑하고
막역(莫逆)하면 할수록
격식을 갖춘 예의가 필요하다.
어느 누구도 집에서 대접받지 못하면
나가서는 더더욱 무시당한다.
내 마누라 나가 대접 받기를 원하면
나부터 아내를 대접해 드려라.

순교성지

— 진목정과 울산 병정

지붕이 부직포로 마감되었고

둥근 쇠막대가 가로질러 균형을 잡고 있는 가건물(假建物)
하느님의 집에서 드리는 미사

미사곡은 산새 소리가 반주가 되어 하얀 구름을 따라 하늘 저 멀리 울려 퍼져 나간다.

뚫린 곳으로부터 바람이 허락도 없이 안을 기웃거리며 살짝 하얀 미사포를 건들이며 스쳐 지나간다.

천장에는 벌들이 곡에 맞춰 윙윙 춤추며 하느님을 찬양한다.

햇빛이 가득한 계곡에는 이름 모를 들풀 위를 나비며 벌이 날아다니고 가끔은 구름은 그림자만 내려 보내고 흔적도 없이 왔다 간다.

비유삑 빅삑

슬픈 새들의 아픈 마음을 위로할 시간도 잊은 채

순교 성지 진목정을 뒤로하고 단지 하느님을 믿는다는 이유만으로 선한 이 나라 백성들의 목이 망나니가 휘두른 칼에 잘려 선혈(鮮血)이 땅을 적신 울산 병정 강둑에 선다.

죽음 앞에서도 평온한 얼굴에 지그시 감은 두 눈 삭발한 머리카락이 부는 바람에 날린다.
하늘마저 구름 속으로 모습을 숨긴다.
150여 년 전 긴 시간을 거슬러 올라가
그때 그 자리에 선다.
울산 병정에 운집한 군중들
더벅머리며 총각이며 초립동이며 갓을 쓰신 어른 무명 적삼이 젖을 가린 듯 걸친 아낙네들 수없이 많은 겁먹은 군중을 본다.
같은 사람 같은 핏줄인데 같은 땅에 사는
아침저녁 마주하고 살던 사람들인데
할 말은 많아도 말할 수 없는
숨죽인 군중들의 말들이 시간을 뛰어넘어 오늘에까지 들어온다.
죽음 앞에서도 순교로 신앙을 지킨 선조들의 당당했던 장대위의 풀어진 얼굴들이
두 손 모으고 고개 숙인 내 가슴에 스크린 속의 한 컷으로 지나간다.

비둘기

진종일 먹기만 하는 비둘기
땅만 쫀다.
이젠 겁 없는 놈들이라 사람이 가도 예사다.
하루 종일 고개를 숙였다 폈다
목 디스크 걱정은 없겠다.
아파트 안에서 길러지는(?)
비둘기라 살이 토실토실하다.
이놈들은 비상(飛翔) 시 단체 행동이다.
50여 마리가 한꺼번에 날 때면 먼지투성이다.
누가 평화의 상징이라 했는가?
이놈들로 해서 아파트 내 평화는 여지없이 깨어진다.
은색의 자동차 그 위 배설물은 시간이 지나면 변색을 가져온다.
파란 평화의 깃발에서 빨간 분쟁의 깃발로 바뀐다.
동물 보호단체 회원인 한 주부는 비둘기를 신주 모시듯 한다.
그 옆집 가분수인 아주머니 여사님은
비둘기만 보면 오른손을 휘젓는다.
이유인즉 자동차 천장에 배설물 투기가 말이 아니다.
비둘기가 똥오줌 가리는 것도 아니고 기저귀 채울 수도 없고

평화의 상징 비둘기

그러니

배설물의 청소는 마땅히 자기 담당

왜 아저씨는 배설물의 청소를 가분수인 다리 허약한 사랑하는 아내에게 시킬까?

사랑하지 않는지도 모른다.

자동차 지붕 위의 배설물 제거는 작달막한 신체조건으로 쉽지가 않다.

착 달라붙은 모습이 뚱뚱이 발레리나의 요염한 자태와는 거리가 멀다.

일주일에 삼사 일은 이 짓이니 불평이 쌓이기 마련이다.

동물보호협회 하려면 저 혼자 할 일이지

여럿 사는 아파트에서 이게 뭐꼬?

한바탕 소동이다

그래도 명분에서 밀리니

많은 아파트 주민의 전폭적인 단체 응원 속에서도
어찌하지 못하나 보다.
이놈들의 단체 비상은 계획적이다.
한 바퀴 휘돌고 멀지 않은 곳에 안착이다.
나 보라는 듯 서로 얼굴을 돌리면서 무슨 이야기인지 쑥덕쑥덕 괘씸쩍다.
어떤 놈은 전신주 위에서 일발 장탄 내갈겨
지나가던 가분수 아주머니 파마머리에 명중시켰다.
기껏 멋 부린 돈 들인 파마인데
때아닌 마른날에 날벼락 화날 만도 하다.
저놈의 비둘기
아주 콱 싸이나라도 놓을까?
머리 굴려 보지만 행동으로 옮기지 못하는 것을 보니
동물보호법을 아는가?
아니면 평화의 상징으로 존재 가치를 인정하는 것일까?
오늘도 크지 않은 아파트 단지에 평화는
아이러니하게도
평화의 상징인 비둘기의 반 평화적인 오물 투기 행위
집단 비상으로
뽀얗게 일으키는 흙먼지
털갈이로 인한 알레르기
과연 가능할까? 비둘기의 길들이기

믿음

한 번 배신은 두 번으로 이어질 수 있고
세 번이 되고 네 번이 되는 것
그리 어렵지 않다.
무엇이든 다 처음이 중요하다.
첫걸음이 첫날이 첫해가 중요한 것이다.
그래서 시작이 반이라 하지 않던가?
남자건 여자건 사람이면 뱉은 말에 책임을 져야 한다.
상대가 강자든 약자든
더구나 여러 함께한 약속이면
아랫사람이라도 예외가 있을 수 없다
하나를 보면 열을 안다고
신의 믿음
그 하루아침에 얻어지는 것은 아니니 말이다.
마음을 얻는 것은 말에 있지 않고
그가 하는 행동에 있다.

낙동강에서

느릿느릿 휘돌아 넘실거리며 출렁이는 강물이
이 나라 삼면(三面) 바다 어느 곳같이
연인(戀人)인 양 연신 강변 바위를 어루만진다.
춘풍(春風)에 떨어지는 꽃가루는 이슬비 내리듯
보(洑)와 보(洑) 사이 가득한 강물 위에 뿌려지고
푸르른 나뭇잎은
여름 내내 햇빛에 그을려
사람들 얼굴 여기저기에 피어나는
검버섯 모양
울긋불긋 단풍(丹楓)이 들더니
추풍(秋風)에는 떨어져 낙엽(落葉)이 되어 강물 위를
형형색색 조그마한 조각배 모습을 하고 떠내려가다
옛 풍류객들이
강변 정자(亭子)에서 시 한 수 읊으며 놀던 그 자리에
구름에 가린 만월(滿月)이 희끄무레 강을 비출 때
격(格)은 다르다 해도
여럿 둘러앉아 요즈음 흔히들 즐기는

강정보

공산명월(空山明月)로 고니 스톱이니 하며
놀이에 빠졌다.
받아쥔 패 신통찮아
혼자 잠시 비껴나 밖으로 고개를 돌린다.
눈앞 넘쳐나는 강정보(洑) 부근
출렁이는 문산 강물에는
병풍(屛風)에 그려진 그림 같은
월주(月柱)*가 참으로 아름답다.

* 월주(月柱) : 달빛이 강물에 비치는 형상.

아카시아 나무

산 중턱 건천(乾川)
큰 바위 옆 아카시아 나무
척박한 땅 살기 어려운 환경
뿌리내리고 긴 세월 용케도 살아왔다.
여름비 온 뒤 흐르는 물 많을 땐
뿌리 수고 들지만
긴 가뭄 어찌 견뎌 오늘을 맞이했나요?
폭염 피해 올라온 산
당신 옆 조그마한 웅덩이에 발 담고 앉아서
지난 세월 오고 간 인생 얘기 한번 들어 봅시다.
시름 깊은 한숨이든
희망에 부푼 꿈이든
이런저런 얘기 너무 많아 얘기하기 어렵다면
키 크고 우람한 당신 살아온 삶이라도
어디 한번 들어 봅시다.

원앙새 한 쌍

산에 살면 산새
들에는 종달새
강가에는 황새
방앗간에는 참새
가을 하늘에는 기러기 날고
꾸르륵 꾸르륵 갈매기는 바다 위를 빙빙 돈다.
이곳저곳 때 따라 옮겨 다니며 살면 철새
한곳에 몸 붙여 살면 텃새
내 마음에 당신은 나의 피앙세
나와 함께 백 년을 해로하는 당신은 나만의 집 새
우리들은 함께 사는
떨어질 수 없는 영원한
원앙새 한 쌍

통학 열차

새벽
된장뿐인 꽁보리밥을
마파람에 게 눈 감추듯 먹고 뛰어가
통학 열차 탔다.
가다가 쉬고 가다가 또 멈춘다.
시발 참 이기 기차가
가는 것도 아이고 안 가는 것도 아이고
늦게 겨우 도착했다.
시내버스가 자주 다니나?
댕겨도 돈이 있나?
역에서 학교까지
X 빠지게 뛰어가도
오늘도 지각이다.
고개 숙이고 들어가면
쏠리는 눈길
안 그래도 부끄러운데
선생님 말씀

석탄가루 날리며 달리는 기차

야! 인마 니이—는
공부도 못하는 기
공납금도 늦게 내고
맨날 지각만 하노 하시며 뭐라 카신다.
그러면서도
머리 긁적이는 꼴이 측은하게 보이는지
그래 가지고 언제 공부할래
은근히 걱정하신다.
그래도 공부 잘합니다.
그라고요.
샘요!
너무 뭐라 카지 마이소.
지각해서 공부 못한 것도 억울한데 꾸지람에 욕까지
화가 났다.
욱하고(뭐 학생은 밸도 없나 냅다 한마디 했다.)
차가 지각했지
언제 제가 지각했능교?

여름 금호강 강변

무더운 한여름 밤 금호강 강변
따가운 햇볕 아래
논밭일에 찌든 때 씻으려
목간 나온 촌 아낙 여럿
철썩이며 몸 씻는 소리는
동정의 노총각 지키기
어려운 불쏘시개이어라.
희끄무레 달빛 아래
보일 듯 아니 보일 듯
거리가 주는 어른거림은
낮 우물가 두레박질 때
잠깐 훔쳐 본
도톰한 순이 젖가슴에 대한
내 마음의 실랑이어라
나지막한 다리 아래 얕은 물가
여럿 둘러앉아서
자지러지는 웃음소리는

있으면 명물이 될 낮은 다리

건넛마을 어여쁜 순이
좋다 말이 없는 내가 미워
저도 모르게 싫다 억지 부리는
거짓 도리질이라.
흐르는 구름 속 달은
보였다 아니 보였다
안개 속 희뿌연 모습들은
하늘 선녀들의 목간을
몰래 훔쳐본
황홀경에 빠져 히죽거리는
혼자만의 상상이어라.

시간 여행

국수에 김치
시원한 우물물에 만 보리밥에 풋고추
된장찌개에 상추 쌈
꽤 괜찮은
우리들 먹기 편한 궁합 맞는 식단
가을날 초가지붕 위 박 넝쿨이며
바지랑대 고추잠자리
기와지붕 위 파란 이끼
쏟아지는 허허한 달빛 속에 들리는
목소리가 쉰 듯
멍—하며 짖는 삽살개 소리
절간 처마 끝 풍경(風磬) 소리
내 할아버지 때로 먼 시간 여행을 떠난다.

김 빼는 일이지

먼 길 왔다 싶어
뒤돌아서서 보니
저 멀리 아득하다.
모두들 돌아가셨다 하니
여기가 어디쯤일까?
고향 마을 동구 밖 당산나무 앞인가?
있었던 기억은 없는데 돌아가셨다 하니
훌쩍 개울 건너다 잊은 걸까?
찌든 세파에 머리 부딪혀 띵하며 잊은 걸까?
아무리 짜내도 도시 생각나지 않으니
아쉽기도 하고 무섭기도 하고 답답하기도 하고 겁도 난다.
아이고! 머리야
그래도
알면 재미있을 것 같은가?
모르긴 몰라도
온 길같이 갈 길 알면 무슨 재미로 살까?
서스펜스(Suspence)도 스릴(Thrill)도 없으니
김 빼는 일이지

그물을 덮다

조류(鳥類) 피해 예방을
위해 그물을 덮는다.
여보
안 들려요?
이쪽 끝을 당겨야지.
당기고 있는데 왜 그래요?
언성이 높아진다.
입씨름이다.
나뭇가지에 걸리고 모서리에 걸리고
마누라 마음에 걸린다.
언제나 이렇다.
뻔히 알면서도
다른 사람은 이 여름에 산이다 바다
있는 집 마누라는 골프채 들고
동남아로 유럽으로
팔자 좋게 피서 가는데
내 마음에도 걸린다.

작년에는 입고 있던
옷 단추에도 걸렸다.
깜빡했다.
단추 없는 옷을 입고 올 것을 후회했다.
시원한 새벽 별 보고 시작했는데
온통 땀이 범벅이다.
걸리고 후회하고
오늘따라 유난히 땀이 흐른다.

포도밭 전경

내 마음도 둥둥

배도 둥둥

열린 창 너머
바다 물결 따라 저 멀리
푸른 산 둥둥
하얀 집들도 둥둥
미끄러지듯 가는
유조선 큰 배도
통통통 고기잡이 작은 배도
산 위에는 바람 따라 흐르는

몇 조각 구름도
은빛 물결 위 햇빛마저도 둥둥
열린 창 앞 푸른 바다
반짝이는 은빛 물결 위에
전복 따려는 해녀는 잠수하고
남은 물 위 바구니도 둥둥
여러 갈매기들 자맥질하며 둥둥
덩달아 할 일 잊고
바다 찾아온 이내 마음도 둥둥
열린 창 너머
바다 물결 따라 저 멀리 둥둥 간다.

바다 갈매기

바닷가 전신주 꼭대기
갈매기 한 마리 꾸르륵꾸르륵
내 임 부르는 소리
내 임은 아니 오고
내 앉은 자리 명당인가?
기운 센 갈매기 자리 비키라며
날아온다.
아뿔싸 어쩌랴
내 힘 못 미치니
바다 위 허공을 빙그르 줄행랑이 최고이다.
바닷가 전신주 꼭대기
갈매기 한 마리
꾸르륵 꾸르륵 내 임 부르는 소리
이놈 앉았다만
더 힘센 놈 날아오면
그놈 차지
하루에도 수십 번

바닷가 갈매기

주인이 바뀐다.
바다 허공을 빙그르 도는 갈매기 떼
힘없는 갈매기들
꾸르륵꾸르륵 아우성이다.
바닷가 허공은 힘없는 갈매기들의
시위 장소

겨울의 소리

웡 하는 센 바람 소리
밤이 늦도록 나무를 들볶더니
울긋불긋 나뭇잎을 다 떨어뜨리고
산은
앙상한 가지만을 이끌고
저 멀리 남쪽 하늘 밑으로 달아나 버렸다.
봄 여름 가을까지
세 계절 내내
잎들이 황홀하게 살던 골짜기에
찬 바람은
초겨울 추위를 몰고
아침 일찍 손 비비며 찾아온 등산객을 데리고
총총걸음으로
여름보다
많이 넓어진 산길을 따라
아래
주택까지 내려온다.

촛대

나로 인하여 온전히 빛나는 너
너는 희생의 화신
나는 희생의 도우미
너 타는 몸 앞에
고개 숙이고 침묵 속에 앉은 이
바람은
너 같은
마음일까?
나 같은
마음일까?
아니면
한껏 자기 욕심뿐일까?

되새김

앞집
목로주점 순이
술만 먹었다 하면
고장 난 유성기
밤낮 같은 소리
아이코 이놈의 내 팔자
살아 무얼 하려고
콱 죽어버려야지
신세타령만 반복한다.
뒷집 누렁이 암소는
앞집 순이 닮아설까?
고장 난 유성기를 닮아설까?
밤낮
누우나 서나 같은 짓
되새김질이다.

타협 중

운전면허증(등단)을 따고 무사고 운전(문학 활동)을 수십 년 간하였다.

그래도 무엇인가 부족하다는 심정에서 모범 운전기사가 되어야지 하고

다시 연수 받는 것과 같이

국어국문과 문을 두드렸다.

영문법 잘 안다고 미국말 잘하는 것 아닌 것같이 글 잘 쓰는 것하고는 거리가 있는 것 같다.

어쨌거나 더 잘 쓰려 했었는데,

마음은 있는데

머리가 말을 잘 듣지 않으니

괜한 욕심 아닌지 심히 걱정이다.

앞으로 계속 가야 하나?

아니면? 자신과 타협 중이다.

과학도 놀란 성모님의 동공

— 과달루페 성모님의 눈동자

▌대구 천주교 성모당 성모상

(〈과달루페의 성모〉 이미지를 분석한 결과 실제 사람의 눈에 사물이 비칠 때와 같은 모습이라고 한다. 후한 디에고와 주마라가 주교가 만나던 모습이 있고 중앙 동공에는 아기를 업고 있는 여자와 몇몇 아이들로 구성된 한 가족이 있다. 현미경으로 2,500배 확대하였을 때 성모님의 홍채와 동공에서 최소 13명의 사람 모습이 보인다고 한다.)

사랑하는 사람이란 한 울타리에서 숨 쉬며 가족이란 이름으로 살아가는 부모 형제요, 아들딸입니다.

세상에서 가장 좋은 것이 무엇인가 묻는다면 예수님을 알고 믿는 것이라 하겠습니다. 사랑하는 사람들에게 드릴 수 있는 가장 값진 선물은 예수님을 알고 믿도록 하는 것입니다. 그렇다면 어떻게 하면 예수님을 알고 믿게 할 수 있을까요?

자기의 사는 모습에서 찾아야 합니다. 삶의 모습(잘 사는 법)에 대한 답은 벌써 나와 있습니다.

좋은 것은 함께 나누어 가지고, 좋은 곳에는 함께 가서 사는 것이며, 영원히 사는 것입니다.

문학세계대표작가선 754

매화나무와의 만남

권동웅 작품집

인쇄 1판 1쇄 2015년 10월 8일
발행 1판 1쇄 2015년 10월 15일

지 은 이 : 권동웅
펴 낸 이 : 김천우
펴 낸 곳 : 도서출판 천우
등   록 : 1992. 2. 15. 제1-1307호
주   소 : 서울시 성동구 무학봉28길 6 금용빌딩 2F
전   화 : 02)2298-7661
팩   스 : 02)2298-7665
http://www.moonhaknet.com
E-mail : chunwo@hanmail.net

값 15,000원

ISBN 978-89-7954-609-5

이 도서의 국립중앙도서관 출판예정도서목록(CIP)은 서지정보유통지원시스템 홈페이지(http://seoji.nl.go.kr)와 국가자료공동목록시스템(http://www.nl.go.kr/kolisnet)에서 이용하실 수 있습니다. (CIP제어번호: CIP2015027218)